史玉柱
内部讲话揭秘

营销教父的 50 个创业忠告

周锡冰◎编著

海天出版社
·深圳·

图书在版编目（CIP）数据

史玉柱内部讲话揭秘：营销教父的50个创业忠告 /
周锡冰编著. — 深圳：海天出版社，2018.5（2020.8重印）
（创业家谈工匠精神系列）
ISBN 978-7-5507-2364-1

Ⅰ．①史… Ⅱ．①周… Ⅲ．①企业管理—经验—中国
Ⅳ．①F279.23

中国版本图书馆CIP数据核字(2018)第044415号

史玉柱内部讲话揭秘：营销教父的50个创业忠告
SHI YUZHU NEIBU JIANGHUA JIEMI:YINGXIAO JIAOFU DE 50 GE CHUANGYE ZHONGGAO

出 品 人　聂雄前
责任编辑　朱丽伟
责任校对　赖静怡
责任技编　郑　欢
装帧设计　知行格致

出版发行　海天出版社
地　　址　深圳市彩田南路海天综合大厦（518033）
网　　址　www.htph.com.cn
订购电话　0755-83460397（批发）　83460239（邮购）
设计制作　深圳市知行格致文化传播有限公司　Tel：0755-83464427
印　　刷　深圳市希望印务有限公司
开　　本　787㎜×1092㎜　1/16
印　　张　16.25
字　　数　195千
版　　次　2018年5月第1版
印　　次　2020年8月第2次
印　　数　4001—6000册
定　　价　48.00元

总序

　　在"大众创业，万众创新"的双创时代，政策再一次点燃了中国人民的创业激情。2015 年 6 月，国务院颁布了《关于大力推进大众创业万众创新若干政策措施的意见》，该意见指出，推进大众创业、万众创新，是培育和催生经济社会发展新动力的必然选择，是扩大就业、实现富民之道的根本举措，是激发全社会创新潜能和创业活力的有效途径。

　　有研究者甚至将 2015 年誉为第二个"92 创业潮"。因此，激情澎湃的创业热潮席卷华夏大地，"你创业了吗？""再不创业，你就 out（落伍）了！""世界这么大，我想去创业！"……这样的改变意味着创业已经植入中国人民的血液中。

　　万科创始人王石接受媒体采访时毫不讳言地表示"企业家成为新世纪的宠儿"。这位"新世纪宠儿"的言论，无疑为创业者的光环更增添了一抹诱人的色彩，也激发了更多人投入到创业者的队伍中。

　　最新的一项研究报告也显示，中国的创业活动正处于活跃状态，新一轮的创业高潮正在形成。然而，与此同时，中国创业企业的失败率却高达 70% 以上，企业平均寿命不足三年，七成企业活不过一年。尽管"各领风骚三五年"并非中国特有的现象，在发达国家也是如此，但是，在发达国家，创业当年就失败的新企业仅占35%，活过五年的也能达到30%。

创业成败固然与企业本身的因素息息相关，但是，创业环境的好坏也在很大程度上起决定性作用。借用狄更斯在《双城记》中的名言，可以说，眼下"是创业最好的时代，也是最坏的时代"。

创业最好的时代，主要是对那些准备充分、思维敏锐的创业者而言，比如说阿里巴巴网络技术有限公司（简称阿里巴巴集团）的创始人马云。2000年7月17日，马云成为中国第一位登上国际权威财经杂志《福布斯》封面的企业家。2002年5月，马云再次获选成为日本最大财经杂志《日经》的封面人物。可以说，这些殊荣不仅让马云成为一个传奇性人物，而且一下子洗掉身上曾被贴上的"骗子""疯子"和"狂人"的标签。而最坏的时代主要指在商品经济大潮的冲击下，许多创业者尽管创业热情很高，但由于毫无准备，结果不是投资失误，就是管理不善，甚至惨遭淘汰。

为此，马云在"西湖论剑"上多次告诫创业者："对所有创业者来说，永远告诉自己一句话：从创业的第一天起，你每天要面对的是困难和失败，而不是成功。我最困难的时候还没有到，但有一天一定会到。困难不是不能躲避，不能让别人替你去扛。多年创业的经验告诉我，任何困难都必须你自己去面对。创业者就是面对困难。"

回想创办阿里巴巴集团之初，吴晓波是这样介绍马云的："在北京失意落魄的马云决定回杭州城郊的一间民房去捣鼓他的阿里巴巴BTOB网站。"

这足以看出马云当初的不得志。尽管如此，马云依然带领着"十八罗汉"在杭州西湖区文一西路湖畔花园的一所普通住宅里创办了阿里巴巴集团。

初创的阿里巴巴集团注册资本只有50万元人民币，只不过是一个非常普通的小企业而已，而今的阿里巴巴集团却已是市值超过1000亿美元的超级伟大公司，创下了全球互联网融资额的最高纪录。

除了能吃苦，创业者还必须懂得如何创建自己的创业团队，不管是阿里巴巴集团创始人马云，还是巨人创始人史玉柱，抑或是新东方创始人俞敏洪，他们的团队都坚不可摧。马云甚至还扬言，没人能够挖走他的队员，足以看出马云在团队管理上的把控能力。

既然本套图书介绍马云、史玉柱、俞敏洪的创业经验，必然会涉及创业的概念，那么到底什么是创业呢？简单地说，创业就是一个发现和捕获机会并由此创造出价值的过程。这里所说的创业，是指以企业为载体，以正当地获得更多利益为目标的活动，而非开创个人政治、学术等事业的创业。

对于正在创业，或者即将创业的人来说，最好的借鉴范本就是马云、俞敏洪、史玉柱等企业家的创业经验，因为他们本身就是一本很好的创业教科书。究其原因，借鉴企业家的创业经验可以避免很多的创业陷阱。

本套书主要根据马云、史玉柱、俞敏洪的创业经验和心得，有针对性地提出投资思维、方法、技术等方面的问题，找到那些造成创业失误的根源，分享他们创业时解决问题的宝贵经验，让创业者顺利走出困境。旨在以具体事例传承投资智慧，对摩拳擦掌的创业者提出善意的建议，从而使创业者能够从中获取真正具有指导性的知识和技巧。

本系列创业图书的定位是企业培训的教材；白领的励志读物；创业者的行动指南；领导者的决策参考……

周锡冰

2017 年 4 月 10 日

自序

在中国 30 多年的改革浪潮中，巨人集团创始人史玉柱无疑是这个时代最具传奇色彩的企业家之一。

1989 年，从深圳大学软件科学系（数学系）研究生毕业后，史玉柱随即下海创业。他以 4000 元创业资金起家，研究开发出 M-6401（一款汉卡）排版软件，4 个月就赚了 100 万元；随后又推出 M-6402（一款汉卡）软件，销量居全国同类产品之首。

1991 年，史玉柱成立巨人公司，推出 M-6403（一款汉卡），实现利润 3500 万元。

1993 年，推出 M-6405（一款汉卡）、中文笔记本电脑、中文手写电脑等多种产品，其中仅中文手写电脑和软件的当年销售额即达到 3.6 亿元。巨人成为中国第二大民营高科技企业。

1994 年年初，巨人大厦动工，计划 3 年完工。史玉柱当选中国十大改革风云人物之一。

1995 年，史玉柱被《福布斯》列为内地富豪第 8 位。

1997 年，因一连串盲目扩张的决策失误和兴建巨人大厦造成资金链断裂，巨人集团轰然倒塌，欠下2.5亿元的债务。史玉柱沦落为"全国最穷的人"，演绎了一个企业迅速盛极而衰的经典案例。

史玉柱在这段最黑暗的岁月中，依然坚持着自己的梦想。经过几年的卧薪尝胆，又携带脑白金卷土重来，不仅还清了巨人集团曾经欠下的巨债，而且再次成为亿万富豪，甚至有媒体说，此刻更胜过巨人集团当年的鼎盛时期。

如果说经商也是一场精彩而又刺激的网络游戏，史玉柱则是玩了一把"大翻盘"，并表现出可圈可点之处。从一穷二白的创业青年，到中国内地排名第8的富豪，随后成为负债两亿多元的"全国最穷的人"，再到身价500亿元的企业家。

众所周知，在中国商业史上，史玉柱可以称得上是一个传奇式的创业人物。他不仅拥有成功经验，更拥有失败教训，这是很多创业大师所缺少的。

在此，我非常感谢史玉柱先生。没有史玉柱先生的创业范本，我们至少缺少了一个研究的案例。

在撰写《命门：中国家族企业死亡真相调查》（升级版）一书时，我就谈到过："失败的教训比成功的经验更值得借鉴。"所以在史玉柱的创业人生中，他的自我反省和东山再起是更多创业者更为关心的事情。因为创业的失败率非常高，中小企业平均存活期由3年前的3.5年减至现在的2.9年。

史玉柱的创业历程就是一个商学院的活案例。在中国，当我们在春节期间打开电视机时，经常会播放"今年过节不收礼，收礼只收脑白金"的广告。

尽管史玉柱已经卸任，但是这个广告播放了很长一段时间，也没有停止的意思，足以体现史玉柱式营销思维。在这个营销思维中，不仅阐释了历经跌宕起伏，历经时间沉淀的史玉柱的商业智慧和人生感悟，而且书写了史玉柱从27岁4000元起家到内地排名第8的亿万富豪，再从一夜之间负债2.5亿元的"首负"到借脑白金、网游东山再起的商业传奇。

可以肯定地说，史玉柱是中国改革开放以来最具传奇色彩的创业者。这个商业巨人不仅是中国营销进程的亲历者和推动者，同时也是对中国消费者研究最深入的企业家。

1988年，史玉柱在读研究生期间就敏锐地意识到电脑软件将成为一个巨大的商业市场。从1989年创业开始，到2013年4月宣布卸任，功成身退的史玉柱给我们提供了一个与产品开发、营销传播、广告投放、团队管理等相关的研究范本。

为了更好地剖析史玉柱，更好地阐释史玉柱的经营经验和创业智慧，本书在撰写过程中，引用了史玉柱在不同场合下的讲话，包括电视节目、媒体采访，以及公开讲话。在这里，我很感谢媒体和研究史玉柱以及巨人的专家们，他们给创业者们提供了一个真实、鲜活的创业案例。

周锡冰

2017 年 2 月 28 日

目录 C O N T E N T S

第一部分

创业初期必须聚焦到极致

创业初期，需要发扬一个精神：聚焦聚焦再聚焦。因为万事开头难，开头的时候，一定要把每一件事准备得充分，做得十分完美，无法再优化了，这样的话你创业的起步才可能是成功的。

——巨人创始人 史玉柱

忠告1：在创业初期，一个人，一个时间点只能干一件事，不能干两件事

在创业型公司中，很多创业者什么项目都想做，结果什么都没做好。为此，作为创业大师的史玉柱，在公开场合告诫创业者，最怕聪明的人不够专注。在史玉柱看来，很多创业者正是因为不专注，导致创业失败。史玉柱在接受媒体采访时说道："在创业初期，一个人，一个时间点只能干一件事，不能干两件事。"

众所周知，在中国企业家中，作为巨人集团创始人的史玉柱，可谓是当今中国商界最具争议和最具传奇色彩的人物之一。在第一次创业初期，凭借巨人汉卡和脑黄金两款产品，史玉柱积累了第一桶金，其后因为修建巨人大厦而迅速失败。

第一次创业失败后，史玉柱不得不蛰伏几年。再度出山的史玉柱，依靠脑白金和《征途》产品重新崛起，其创业呈现一个精彩的"N"形转折，就这样，史玉柱被誉为当下中国企业界的传奇人物。

当然，史玉柱的传奇，还与其自身的经历有关，我们从他的履历就很容易看到其传奇人生的轨迹。

1962年9月15日，史玉柱出生在安徽省蚌埠市怀远县城关镇进山

路 30 号。

1984 年，史玉柱从浙江大学数学系本科毕业，后被分配到安徽省统计局，参加工作后，业绩出色。

1989 年，从深圳大学软件科学系（数学系）研究生毕业后，史玉柱随即下海创业。

1992 年，史玉柱在广东省珠海市创办珠海巨人高科技集团。

1994 年，史玉柱投资保健品，第一个产品是脑黄金。

1995 年，史玉柱被《福布斯》列为中国内地富豪第 8 位。后来因投资巨人大厦导致资金链断裂而几乎破产，负债 2.5 亿元。

1997 年，史玉柱在江苏等地推出保健品脑白金，大获成功并迅速推广至全国。

2009 年 3 月 12 日，福布斯全球富豪排行榜，史玉柱以 15 亿美元居第 468 位，在中国内地位居第 14 位。

2012 年，史玉柱在《财富》中国最具影响力的 50 位商界领袖排行榜中排名第 22 位。

2016 年 1 月，史玉柱重新回归巨人网络。

2016 年 10 月 13 日，2016 年胡润百富榜发布，史玉柱家族以 540 亿元财富，排名第 19 名。2016 年 10 月 18 日，2016 胡润 IT 富豪榜发布，史玉柱家族以 300 亿元排名第 11 位。2016 年 10 月 27 日，2016 福布斯中国富豪榜公布，史玉柱排名第 46 位。

史玉柱能够取得如此成就，是因为史玉柱专注的经营风格。研究发现，活跃在当下中国商界的诸多企业家中，比史玉柱聪明者举不胜举，比史玉柱有资源者多如牛毛，但是比史玉柱专注的却寥寥无几。这或许是史玉柱能够东山再起，二次创业成功的一个重要原因。

对于任何一个创业者而言，企业环境就犹如一个充满激烈竞争的原始丛林。初创企业就像羚羊、麋鹿般弱小，面对狮子、老虎般强壮的大企业，要想谋求其生存空间，答案就是"适者生存"。在"适者生存"的策略中，"专注"成为初创企业得以生存和发展的一个重要推动力。正因为如此，史玉柱凭借坚持"一次只做一件事"的专注理念，赢得了市场和消费者的认可，仅仅脑白金和黄金搭档这两款产品，曾经就包揽了中国保健品销售额的冠军和亚军，史玉柱对银行的投资也因此获利100亿元，《征途》一度成为中国最赚钱的网络游戏产品。

史玉柱成功创业的启示是，作为创业者，必须集中全部精力做一款产品，成功后再做第二款。第二次创业成功后的史玉柱，在投资和经营中始终坚持这一策略，绝不冒进。史玉柱在做脑白金时，就只做脑白金这款产品；当脑白金做成功后，再做黄金搭档这款产品；当黄金搭档做成功后，再做《征途》这款产品；当《征途》也做成功后，史玉柱又集中精力做《巨人》。

事实证明，对于任何一个创业者而言，要想把初创企业顺利地做强做大，创业者在项目投资时，就必须充分地保持自己理性的投资意识，在似乎是机会的诱惑中能够摒弃自己的诸多贪念，做到在投资项目时绝对不会盲目冒进。在面对新的机遇时，特别是在认准了某个潜力巨大的项目时，创业者必须冷静面对，客观地评估其风险。

作为创业者，一定要经得起外部诸多机会的诱惑，绝对不能见到什么项目好就投资什么项目。

针对这个困扰创业者的问题，史玉柱用了七个字来概括，"聚焦聚焦再聚焦"。

众所周知，史玉柱曾经因为盲目多元化而失败了。20世纪90年代，在这片到处都充满机会的华夏大地上，史玉柱也在这改革开放的春风中捕捉到诸多商业机会，当时的巨人汉卡也是一路畅通无阻，销售记录屡屡刷新。

春风得意的史玉柱在充满陷阱的机会里忘记了风险。巨人"大跃进式"的发展更加使得史玉柱认为"人有多大胆，地有多大产"。

那时，史玉柱已经开始头脑发热，巨人多元化就开始跑马圈地了。在这场轰轰烈烈的多元化进程中，史玉柱开始涉足服装、保健品、地产等十多个行业。

史玉柱没有想到的是，曾经高调所建的巨人大厦竟然成为巨人多元化失败的导火索。为了修建巨人大厦，巨人集团不得不从其他业务中截留资金来填补这个超出预算的项目。巨人大厦需要太多的现金流，结果使得巨人集团现金流断裂，巨人集团就被巨人大厦给拖垮了，负债两亿多元。

失败后的史玉柱，不得不总结教训。据说失败后的史玉柱还曾找到三株创始人吴炳新寻找其失败根源。吴炳新告诫史玉柱说："天底下黄金铺地，哪个人能够全得？"

史玉柱接受了吴炳新的告诫，二次创业后，不再像以前那样盲目多元化，为自己定下了三条铁律，其中一条就是绝不盲目冒进、草率进行多元化经营。如今的史玉柱聚焦在网游上，以"下半辈子只干网游"的决心再次履行着他的聚焦战略。

的确，创业者要想创业成功，必须克服非理性的贪欲，切忌冒进。如今的史玉柱始终坚持专注的经营策略。在很多场合，作为创业大师的史玉柱，告诫创业者："创业初期，需要发扬一个精神：聚焦聚焦再聚焦。因为万事开头难，开头的时候，一定要把每一件事准备得充分，做得十分完美，无法再优化了，这样的话你创业的起步才可能是成功的。"

在史玉柱看来，只有把每一件事准备得充分，做得十分完美，才能赢得创业成功。史玉柱回忆道："我们刚创业的时候，我们产品其实就是一个软件，还没创业，提前一年，我就在那开始准备软件，在那编软件。为这个软件，在这个问题上整整聚焦了一年，这一年我什么事也没做，这一年还没考虑创业的问题，还没考虑组织架构的问题，还没考虑招聘的问题，我是我们公司唯一的研发人员，我当时也是我们公司唯一的员工，差不多用了一年的时间，去准备、聚焦在我们的产品上面。"

一年下来之后，史玉柱自己觉得这个软件研发得差不多了，攻坚的重点应该转移到市场了。于是，史玉柱来到深圳，主抓市场。他坦言："这个时候就开始招了两个人，先两个人，后来四个人。我主要抓广告。当时因为我是理科出身，也不懂怎么做广告，自己就起草了一篇广告文案，那个广告文案有两千字以上，把产品的每一个优点都想出来，每个优点都不舍得落下，自己一总结有 15 个优点，后来觉得这个广告不能太多字，就删了一些，搞了十大特点。自己去改。我那时候没钱，做广告只能做小报的四分之一版，那些文字还是放不下，又精简，这个精简的过程也是对广告文案的一个优化过程。这个文案差不多用了我半个月的时间，这半个月聚焦在广告文案上，最后终于能把它装在小报的四分之一版里面去了。广告做出去之后，效果还是不错的，就开始有订单，就有人购买我那个软件。"

为此，史玉柱总结道："在创业初期的时候，一个人，一个时间点只能干一件事，不能干两件事，干一件事，就是聚焦聚焦再聚焦。因为创业要成功，它可能由很多个方面组成，要在几个主要方面把它做成功；这几个方面，如果有一个做得不成功，这个创业就不能成功。每件事把它聚焦聚焦再聚焦，做到极致，我想这个创业成功的可能性就比较大。"

随着队伍的建设，巨人集团的销售额又进一步增长。在此之后，巨人集团的产品，遭遇了一个新的竞争对手——金山汉卡。当时，金山汉卡的水平比巨人高。这时候，史玉柱又回过头来聚焦到研发上，销售管理这些史玉柱又不管了，他带着十几个人的团队，到大学封闭起来，又进行了大半年时间的研发，研发出了 M-6403，这个产品又超过了金山汉卡，这个产品的成功，把巨人一年以千万计的销售规模，提到以亿计了。

后来，史玉柱总结道："这个阶段的成功有两个方面，一方面是我们的产品确实有进步，确实是当时最好的，因为做任何产品，消费体验其实是第一位的，它是基础；如果你这个产品不好，你广告做得再好，你这个项目也失败了。另一方面就是我们当时发明了一个销售方式，这个方式是什么方式？其实说白了，就是把全国的经销商都召集到深圳来，交了定金，给予他们一些优惠，当时取了一个名字，大家就是加盟，这个方式在有竞争对手的情况下，还是很有效的。这些电脑商店、这些电脑批发商，他不进你的货，他要进别人的货；他不进你的货，他要进联想的汉卡，或者金山汉卡。如果你巨人汉卡把他的渠道塞满了，这样他进别人的货就比较少，消费者去买电脑的时候，他主动推荐汉卡的时候，就推荐我们的多一些。当时我们搞了全国规模很大的，全国发展了 800 家经销商。在这两个方面我们做得比较好，很快地我们的规模迅速壮大，年销售额是过亿的。这样我们就成立了巨人集团，完成了我们巨人整个创业。"

忠告2：失败的企业都有一个共同特点，就是战线拉得过长，以致最后出了问题

2016年年底，一则新闻引起了我的关注，虎都有意收购凡客的线上平台。读者可能会问，是什么原因让凡客由盛而衰呢？

凡客诚品创始人陈年在后期的反思中说道："错在太快，错在贪婪。"回顾凡客的成长历史就不难发现，快速的扩张导致凡客遭遇危机，甚至快得迅雷不及掩耳。2007年，陈年创建凡客。2010年，"凡客体"广告冲击消费者的视角，当年营业收入突破20亿元，在全行业地位迅速上升。

2011年，凡客开始疯狂扩张，把营业额的目标定到60亿元，是2010年度的3倍，随后又继续加码，调整到年100亿元。为此，其后几个月，凡客新建厂房和生产线，数百新员工入职，团队扩张到1.3万人。此刻的凡客，成为风口上的"猪"。

其实，在科技企业中，因为快速扩张而遭遇危机的还有滴滴。在前几年，滴滴也同样无比辉煌，被誉为"世界级的超级独角兽"，获得了资本的万千宠爱，员工近6000人，连带着它的CEO（首席执行官）、天使投资人、各级高管都成了人人羡慕嫉妒恨的超级网红。

这样的商业案例足以说明，战线拉得过长，企业遭遇困境也就在情理之中。20世纪90年代的中国，多元化成为诸多创业者绕不过的话题。在这个机会多如牛毛的时代，似乎只要多元化就能成功。

不可否认的是，"跑马圈地"的结果就使得越来越多的创业者陷入

了被动之中。在这场轰轰烈烈的多元化实践进程中，史玉柱就是其中一个受害者。

为此，史玉柱就曾公开反对多元化说："但凡是鼓吹自己多元化，3年就会经营困难；不过5年，就会完蛋。民营企业面临的最大问题，不在于你有没有发现机会的能力，而在于你能不能抗拒各种机会的诱惑。"

在一个创业论坛上，一位广东创业者向史玉柱问道："餐饮扩张当快当慢？我创业3年了，主要在餐饮领域，3年来在广东我已经拥有40多家连锁店，整体年收入在2亿元左右。2007年年底，我完成了第一轮融资，当时全国形势一片大好，我们确定在两年之内完成全国扩张的布局，将连锁店开到200家左右，并在2009年年底前上市。基于这个节奏，2008年我们展开了大幅度的扩张。但现在一方面宏观经济形势不好，一方面国家又在提倡扩大内需，2009年究竟应该按照以前的节奏继续扩张，还是果断停止扩张？我非常犹豫。究竟在这个关键点该如何抉择？"①

面对这个困惑过每一个创业者的问题，史玉柱给予了这样的回答：

"我对餐饮行业并不太了解，我对于你具体的经营手段和扩张步骤不予置评，毕竟我没接触过这个行业。但比照我个人的创业经历来看，我觉得有两个问题。

"一个是短期内的经营目标如何规划的问题。创业者不能没有目标，但目标的设置应该客观实际，我不知道你2年开

---

① 新浪博客. 分清是诱惑还是机遇的鉴证例证 [EB/OL].（2009–06–18）[2017–02–21]. http://blog.sina.com.cn/s/blog_5de088850100dn86.html.

200 家连锁的决定来源于什么样的市调分析，但在我看来，创业 3 年开 40 家店，接下去的 2 年开到 200 家店，这样的步子迈得有点大了些；此外，你还提到要在 2009 年年底上市融资，考虑到当前上市审核越来越严，自然企业的业绩要求也就越来越高，这无异于进一步加重了经营的压力。不久前，我和企业界的朋友一起回顾过去的 10 年，我们追求速度最慢，但成长最快，就好比高速公路上开车，以 80 千米每小时的速度很可能比 150 千米每小时的速度先到，因为开快车容易出车祸。

"二是经营战略的调整问题。企业经营无疑应当应时而动，大幅扩张的前期业绩较差确实符合经营规律，投资数额越大，越要考虑到回收成本的周期问题。在经济大环境不利于行业发展的时候是否实行相应的收缩，需要创业者进行取舍。所谓舍得，有舍才有得，在进一步追加投资会面临不可测的风险的时候，壮士断腕不仅是勇气也是一种智慧。资金链是企业的命脉，保住命脉才能保住企业。我认为做企业一定要控制负债率，巨人出事时是 80%，现在我自己规定负债率 5% 是安全的，10% 亮黄灯，15% 就要亮红灯了。"①

在史玉柱看来，企业战略必须"聚焦聚焦再聚焦"。客观地讲，"多元化扩张，还是专业化突破"，这是横亘在很多创业者面前，特别是初创企业做到一定规模后不得不面临的一个最为头痛、最具争议的

---

① 史玉柱．史玉柱：现在的关键是抵制诱惑 [J]．创业家，2009（6）．

问题。

多元化的成功概率本身就比较低，相关数据显示，通过对 412 家企业样本进行分析，从回报率来说，专业化的经营方式远优于多元化的经营方式。

并不是所有的企业都可以复制 GE（通用电气公司）的多元化辉煌。在中国企业的多元化道路上，倒下了太多的企业巨头。联想 FM365（联想的门户网站）的倒闭，海尔生物制药的无功而返，实达沦为 ST 股（表示存在投资风险的股票），奥克斯汽车停产，德隆系垮台，甚至有学者断言："包括海尔在内，中国现在还没有一家企业搞多元化是成功的。"

对此，史玉柱在多个场合告诫诸多创业者，只有专注化才能减少失败概率。因为失败的企业都有一个共同特点，就是没能抵挡住诱惑，战线拉得过长，以致最后出了问题。

研究发现，初创企业在做大做强的过程中，无论是在初创阶段，还是做到一定规模，创业者都可能面临举不胜举的机会。这些数不清的机会极可能让创业者为之心动、为之疯狂。为此，作为创业大师的史玉柱，在公开场合告诫创业者，作为创业者必须提高警惕，要正确地判断这到底是机遇还是诱惑。创业者不仅需要在机会面前保持清醒和理智的头脑，还必须拥有辨别其是机遇还是诱惑的能力。

众所周知，在中国，创业者失败不是因为机会少，而是因为机会太多。对于这个观点，史玉柱最有发言权。史玉柱告诫创业者说："就现在的经济形势来说，创业最大的挑战不是能不能发现和把握机遇，而是能不能抵制诱惑。现在跟 10 年前、8 年前的环境不一样了，很多人还没有明白过来，还认为创业者能发现机会、能把握机会是本事。中国现在的机会太多了，你不用去找机会，机会都会找上门。所有失败的企业都有一个共同的特点，就是没抵挡住诱惑，战线拉得过长，最后才会出问题。"

史玉柱在谈到创业失败时，总是会强调理性地抵挡机会的诱惑。他告诫创业者："我的一个信条就是'宁可错过一百个机会，也不要犯一个错误'。这跟我过去的思路是完全不一样的，过去我是绝不放过任何一个机会。近10年来，我只做了三件事：做保健品、买入银行股票和做网游。而在保健品当中，几年时间只做脑白金一个产品。出于谨慎的考虑，很早就研制出的黄金搭档，直到2002年才最终被推出。如今，我手里仍有十几个新产品，但我一直不肯推出去，因为没有必胜的把握。"

在史玉柱看来，机遇的背面是风险，这是经济活动的基本规律。对于创业者而言，在具备了一定的资金、技术、团队之后，能否审时度势地评估风险与收益往往意味着创业的成败。史玉柱回忆说：

"软件方面，我们除了winxp（一种电脑操作系统）软件，又做了其他的软件，像POS（一种多功能终端），电脑商务的；又做了会计软件、教育软件，等等，也做了电脑，包括手写电脑。到了珠海，等于上了一个台阶。当时珠海政府也很支持我们，一看到我们发展得很好，当时还给了我一个科技重奖，给我发了100多万元奖金，一套高级套房，当时珠海的领导把我们作为高科技的标榜。

"可能因为这些，公司也发展得很顺利，然后知名度好像也挺高，所以这时候危机就开始埋下了。当时我本人就以为我做啥事都能做成，因为从1989年的创业开始，到珠海那段时间，在这几年的时间里，我想研发成的都研发成了，想销售的产品都销售成了，就没有失败过，我深以为自己想做啥都能做成。所以在这种环境下，公司就开始走多元化道路，这是一条不归路。

"一个企业必须在这个行业里面形成你的核心竞争力，如果你搞多元化，你就无法形成你的核心竞争力。所以我们只在这个行业做，我相信在这个行业会做得很好。当时，我们一下子跨了很多行业，我都记不清多少个行业了。

"我印象比较深的有几个，比如保健品，当时做了脑黄金。第一次做保健品还真是把脑黄金也给做成功了，到巨人危机爆发之后我们核算，脑黄金在两年时间给我们创造了 3 亿元的利润。

"脑黄金做成功之后我们更加膨胀了，一下就做了 12 个保健品，然后又做了十几个药品。电脑软件品种也进一步增加，硬件也做了很多。除此之外还做了服装、化妆品，反正多了去了。当时还买了很多药厂，尤其是做了房地产，盖了巨人大厦。我们那点钱不够这么折腾。因为走了多元化，每个行业都做得不精，最后都毫无例外失败了，只有脑黄金是成功的，其他的几乎全失败。失败的原因，最主要的是没有深入行业进行研究，不能形成核心竞争力，很多都是拍脑袋拍出来的。

"我举个例子，当时我们做服装，服装也做了很多，其中做了领带。巨人危机爆发的时候，我们一翻仓库，发现我们仓库里的巨人领带够我们打四年。

"后来我们发现卖不掉了，全部给自己打。所以那几年我还穿西服，我打的全是巨人领带，给我们公司的所有人都发了很多领带，包括巨人衬衫也是，卖不掉了都是给自己穿了。

"因为多元化，资金分散到各个领域里去，最终就失败了。失败了，反正百分之九十九是我们自己的问题，当然也有外部环境的原因，当时中国进入宏观调控，消费能力变弱了，所以这种情况下，我们垮得更快。资金流开始出问题了，公司资产还是正的，还有很多，但是没有现金了。所以，这时候我们的危机就开始浮现了。外界都以为我们还很好，实际上这个时候，公司已经空了，虚了。"①

不可否认，史玉柱有这样的创业经验，源于其曾经失败的经历。史玉柱说："从我个人的经历来说，经历过一次失败之后，我最大的一个体会就是不要做超出能力的事，不做没把握的事。我现在常常告诫自己：宁可错过一百个机会，也不要犯一个错误。2001年以后，每天很多项目找上门来要我们投资，其中也有好项目，但我们都没有动心，错过了就错过了。现在回头来看，我们确实错过了几个好项目，但也回避了很多后来被验证非常失败的项目。"

---

① 史玉柱.史玉柱自述创业历程[J].中国企业家，2013（5）.

忠告 3：中国现在的机会太多了，企业家最大的挑战
　　　在于是否能抵挡住诱惑

对于任何一个创业者来说，企业尽量不要多元化，要抓住一两个行业做深做透，做成专家。对此，史玉柱总结道："对创业、做企业来说，鸡蛋必须放在一个篮子里，搞实业必须专业化。"

在史玉柱看来，在竞争日益激烈的今天，只有产品比别人更好，商业模式比别人更巧妙，走专业化道路，才能在自己最懂的领域，做深做透，超越对手。

谁也无法否认，对于任何一个创业者而言，这是一个充满诱惑的世界。要想将创业企业做强做大，无疑更需要专注。

客观地讲，在风云变幻的市场环境中，能够保持专注就显得难能可贵。每当企业发展到一个阶段，内部就自然会产生种种方向性的问题，最常见的就是选择"专注"还是"多元化"。选择多元化后，众多企业因为偏离核心业务而日渐式微，与之形成鲜明对比的是，中小企业凭着一如既往的专注成了不可忽视的新兴力量。

1997 年，失败后的史玉柱痛定思痛，在二次创业的过程中，坚决坚持要抵挡机会的诱惑。

而一些媒体报道称，曾经的"史大胆"如今已经不再胆大了，变得越来越胆小了，在投资项目时，总是慎重地评估和调研，不再轻易做出曾经胆大的冒险。

对于这样的报道，史玉柱一笑而过。他说："那一跤摔得太狠，太

刻骨铭心了，后来我就有了一个信条：宁可错过一百个机会，也不要犯一个错误。这跟我过去的思路是完全不一样的，过去是绝不放过任何一个机会。"

1997年之后的10多年时间里，史玉柱只坚持做了三件事情——做保健品、做投资银行、做网游。

据史玉柱介绍，在做保健品的过程中，为了增加成功率，在几年时间里他只做脑白金一个产品。当然，在这期间也研发了一些产品，比如黄金搭档。

经过第一次创业的失败，史玉柱在推广新产品时非常谨慎，尽管很早就研发出了黄金搭档这个新产品，但是由于有前车之鉴，考虑再三之后，在2002年，史玉柱才决定推出黄金搭档这个新产品。

尽管黄金搭档这个新产品取得了不菲的业绩，但是在史玉柱的项目里仍然还有十几个新产品没有推出。在他看来，没有将这十几个新产品推广出去，主要还是没有百分之百必胜的信心。

当史玉柱东山再起后，其事业也越做越大。一些创业者就想到让史玉柱投资，即让他成为风险投资者。史玉柱说："在互联网项目上有很多人找我们。如果有好的我愿意投，有的人只想投几十万元，但是项目不好，我就不愿意投。但如果是好的，原来是几十万元的我愿意去花几亿元买他的项目，买了之后就不是风险投资，就是我们的项目。我们不怕花钱多，但要控制项目的风险。"

在抵制诱惑方面，史玉柱已经将其制度化，这是为了杜绝史玉柱一个人因为一时的头脑发热而拍脑袋做出投资决策，从而酿成巨亏这样的大祸。

为此，在巨人投资公司内部，史玉柱建立了一个由7人组成的决策委员会。在投资项目时，都必须根据投票来决定投资提名的项目。

在这些提名的项目中，有汽车、手机等很多富有诱惑力的项目，这些项目也被一些企业做成功了，但是，为了保证其成功概率，均被7人决策委员会拒之门外了。

比如，一家中国汽车公司想要转让其一部分股份，该汽车公司负责人找到史玉柱谈起了转让股份的想法。而当时的史玉柱确实被眼前的项目打动了，把该项目提交决策委员会讨论，结果却被决策委员会否决了。

再比如，史玉柱很看好手机这个行业，毕竟在中国有着上亿人的市场。按照史玉柱的想法，较好的捷径就是能收购某家手机企业。当这个项目提交决策委员会时，也被决策委员会否决了。

史玉柱后来回忆说，正是决策委员会的否决，才避免了再次投资失败的可能。事实上，在汽车行业，不仅需要投资巨额的资金，而且需要塑造品牌，其激烈的竞争态势也让这个行业充满诸多变数；而手机行业，不仅需要研发和外观设计人才，还需要畅通的渠道。

当然，正是决策委员会的制度化作用，保证了史玉柱今日的辉煌成就。正如史玉柱所说："中国现在的机会太多了，你不用去找机会，机会都会找上门。企业家最大的挑战在于是否能抵挡住诱惑。"

史玉柱回忆说：

"这时，我们给自己定了一个纪律，就是不要做超出自己能力的事，没有把握的事不要做。当时我们有个口号，实际上是极左的，'宁可错过一百个机会，也不要犯一个错误'。

"因为我们没有其他任何地方的投资，账上的现金越积越多，聚集多了的时候，人又开始冲动了。一冲动就要克制自己。当时每天都有很多项目找上门来要我们投资，现在看，大部分项目没投是对的，当然其中也有好项目，这个没错，错过就错过了。

"我举例，有两个好项目，当时没投，现在来看，如果当时投可能是正确的。但是在'宁可错过一百个机会，也不要犯一个错误'这种前提下，我觉得也没事。

"一个项目就是新浪，新浪当时的股票是几毛钱一股，不到1块钱吧，8毛钱一股。杨澜和吴征夫妇缺钱，要把股票卖了。卖我大概1块钱一股。实际上当时我被说动了，我把这个提交到我们的内部决策委员会，结果被全票否决。如果这个投了之后一年的时间吧，能有二三十亿元的利润。

"还有一个项目，如果投了可能也是对的。就是花10个亿购买国有奇瑞汽车股份。当时我也被说动了，也提交到决策委员会，结果也是被全票否决。只有这两个是当时可以投的，另外还有十几个，不过那十几个幸亏咱没往里面投，投了就完了。"①

可以肯定地说，史玉柱能够东山再起就是因为拒绝诱惑。2007年11月1日，巨人网络成功在美国纽交所挂牌上市，发行价为15.5美元，融资8.87亿美元。当日开盘价18.25美元，超过发行价17.7%。

---

① 史玉柱.史玉柱：决不犯一个错误 [N].北京晚报，2013-07-17.

当巨人网络在美国成功上市的消息发布之后，融资 8.87 亿美元的巨人将拥有非常充裕的现金流。为此，一些媒体就向史玉柱发问：巨人有近 10 亿美元的融资，会不会去投资其他项目？

对此，史玉柱的答案非常明确："不会。我是做 IT（互联网技术）出身的，我最早是程序员。现在回到 IT，是回娘家了，这是求之不得的。此外，我本人特别爱玩游戏，我的工作主要是玩游戏，没有几个老板像我这样。我会充分利用这一点。我终于找到自己的归宿，这感觉很好。将来退休了我也会继续玩游戏。"

面对媒体的关注，史玉柱在接受采访时还宣布了一个重大决定：从脑白金和黄金搭档的产品管理中退出来，以便把更多的时间投入到巨人网络。

而史玉柱的这个决定并没有打消众多媒体的诸多疑虑。2007 年，一家媒体记者在采访史玉柱时，就提了一个较为尖锐的问题："您下半辈子都献身网游了，但您过去十几年涉足了那么多领域，肯定也看到了很多诱惑，现在说这个话会不会为时过早？"

在谈及机会和诱惑时，史玉柱却很坦然："11 年前，我胆子确实很大，但今年我 45 岁了，从那次摔跤之后就一直没什么冲劲。现在像我们这种规模的企业，哪个不是到处投资？我认识几十个朋友，都在到处投资。我近几年一直反对多元化，这说明我胆小。我有个企业家朋友圈子评谁的胆子最小，我是第一名。"

或许，史玉柱的观点是凝聚着其失败的教训而有感而发。但是也告诫创业者，要想创业成功，就必须抵制诱惑。就像史玉柱所言："过去 10 年，我抵挡住了诱惑。"

忠告 4：但凡是鼓吹自己多元化的，3 年就会经营困难；不过 5 年，就会完蛋

由于工作的关系，我经常接触一些创业者，他们经常谈到的内容就是手上同时操作好几个项目，非常热衷多元化。被问及这样做的目的时，回答是鸡蛋不要放到一个篮子里。

创业者这样的观点似乎有理，但是其战略逻辑存在一些问题。20世纪 90 年代，当多元化的浪潮一浪高过一浪时，春风得意的史玉柱也不甘落后，开启多元化引擎。史玉柱介绍说："那时候，头脑发热，做过十几个行业，全失败了。比如，当时做的脑黄金、巨能钙、治心脏病的药，我们的老本行——软件、计算机硬件。当时传销还不算违法，还成立了一个传销部，开始研究传销。传销队伍刚培养好，国家说传销违法了，最后那批人就解散了。"

当经过多元化失败后，作为巨人的创始人，史玉柱总结认为，盲目多元化的结局只能是失败。他反对多元化的理由很简单，就是自己在多元化中栽过大跟斗。为此，在一些场合，史玉柱告诫创业者："中国民营企业面临最大的挑战不是发现机会，而是领导者的知识面、团队的精力、企业的财力问题。现在各领域的竞争都白热化，企业只有集中精力，形成核心竞争力才能立足，否则就会一夜间完蛋。"

史玉柱的反思是有其合理性的，在多元化的过程中，不仅是项目的可行性问题，同时还有资金、人才等诸多问题。为了让投资决策更加理性化，在企业投资项目时，史玉柱把企业"国王"的位置一分为三：所

有者、经营者、决策者。

这就是说，作为巨人创始人的史玉柱在投资项目时，必须经过领导层讨论通过之后方能生效。在上海健特，总裁是原来珠海巨人集团的常务副总裁，其他四位副总裁也都是原珠海巨人集团的副总裁，公司高级管理者有三分之二是原珠海巨人集团的；而史玉柱担任的只是决策顾问。尽管员工们私底下还叫他"老板"，然而，作为决策顾问的他却并未享受老板的绝对权威。在新公司体系内部，设立了一个由 7 人组成的决策委员会，投票决定提名的项目。决策委员激烈争论，最后由办公会议决定。

那么，在公司建立一个决策委员会，是否会影响决策的效率呢？答案是肯定的。史玉柱说："效率肯定要受到影响，但对现在的中国民营企业家来说，最大的挑战不在于他能不能发现机遇和把握机遇，而是他能不能抵挡住诱惑，这跟 10 年前的环境不一样了，所以很多人还没有弄明白。中国现在的机会太多了，不用去找机会，机会都会找上门。"

史玉柱还坦言："最近几年出问题的企业家都有一个共同的特点，就是没能经得起诱惑，战线拉得太长，最终才导致问题的出现。而且摊子铺得过大，手中的现金就不足以支撑这些项目，他肯定会做一些非常规的事情，而在中国的法律体系下，非常规的事情常常就是非法的事情。"

而今的史玉柱在经历盲目多元化的失败之后总结自己的教训，提醒创业者不要盲目多元化，因为盲目多元化的结局只能是失败。

1994 年 8 月，国外软件大举进军中国，抢走了汉卡的市场份额，侵占了巨人集团其他软件产品的生存空间，急于从 IT 困境中突围的史玉柱把目光转向保健品，斥资 1.2 亿元开发全新产品——脑黄金。

在 1994 年 10 月至 1995 年 2 月这短短几个月的时间里，在供货不足的情况下，脑黄金的销售回款竟然突破 1.8 亿元。

那刻，史玉柱看到了"暴力营销"的巨大作用。在 1995 年 5 月 18 日，巨人集团更是将"暴力营销"做到了极致，在中国上百家报纸同时刊发整版广告。

当脑黄金取得开门红之后，巨人集团同时推出保健品、电脑和药品三大系列共 30 个新品。这 30 个新品中，又以保健品为主，推出包括减肥、健脑、醒目、强肾、开胃等功能的 12 个品种。

广告发挥了巨大的作用。在短短 15 天之内，经销商的订货量竟然突破 15 亿元。在当时的三株、太阳神等保健品还在农村做刷墙体广告的时候，"既有贼心又有贼胆"的史玉柱采用铺天盖地、无孔不入、狂轰滥炸式的广告策略，加之严格的渠道建设和管理，一款全新的保健品在 13 亿中国人中家喻户晓。当年，史玉柱和他的脑黄金一起成为妇孺皆知的明星。不到半年，巨人集团的子公司就从 38 家发展到了 228 家。[①]

在取得阶段性成果之后，史玉柱在 1996 年年初发起了"巨不肥会战"，以"请人民做证"的口号再次在全国掀起了保健品热销的狂潮。

那时，史玉柱跟其他多元化的创业者一样，必然面临扩张后的管理不善。史玉柱盲目地扩张，不仅导致脑黄金产品管理不善，还导致脑黄金市场迅速萎缩。

史玉柱如此疯狂的多元化战略，遭遇惨败也只是早晚的问题。1997

---

① 杨连柱. 史玉柱如是说 [M]. 北京：中国经济出版社，2008.

年之前，在史玉柱盲目多元化的过程中，步步高电子公司创始人段永平就曾经给过史玉柱不要盲目多元化的忠告："做企业就好像高台跳水，动作越少越安全。"

然而，史玉柱年少得志，而且此刻的脑黄金名噪一时，再加上他正处在多元化的冒进之中，自然也就没有过多地琢磨段永平的告诫。

遭遇失败之后，史玉柱明白了段永平当初的忠告："在中国，多元化的企业除了复星之外，成功的没几个，搞多元化的百分之九十都失败。中国企业家10年前的最大挑战在于占据机遇、把握机遇。随着这10年来经济法制的进一步规范，各行业进入白热化的竞争阶段，所以现在企业家的最大挑战在于是否能够拒绝诱惑。以前各行业竞争不激烈，你虽然什么也不懂，但只要你进去，别人没进去，你就很容易赚到钱。现在竞争激烈了，专业化是非常必要的。但是我们许多民营企业还是沿用过去的思维。即便现在我也有这种认识，但有几次我也没忍住，把投资报告提交给决策委员会，都被枪毙了。专业化不仅对中国企业适用，全球行业的发展趋势肯定也是走专业化道路。"

史玉柱曾经的失败，在很大程度上都是多元化惹的祸。对于当时违背经济规律的做法，史玉柱认为是所谓的"多元化经验"。史玉柱回忆说："比如巨人汉卡，当时巨人汉卡确实做得不错，销售额很大，利润很可观，在同行业里面已经算是佼佼者了。但是很快我们就以为自己做什么都行，所以我们就去盖房子、做药品，又做了保健品。脑黄金还是成功的，但是脑黄金一成功，我们一下子做了12个保健产品。然后软件又做了很多，又做了服装。"

在20世纪90年代的中国，倒下的不仅仅是史玉柱创建的巨人集团，同时期倒下的还有另外一个保健品企业——太阳神。

在 1987 年年底，黄江保健品厂在广东省东莞市黄江镇正式挂牌营业，这就是太阳神的前身。

谈到太阳神，就不得不提怀汉新。在 20 世纪 80 年代末期的广东省，在一片淘金热中，怀汉新就是这样一个时代的弄潮儿。

1988 年年初，在全民经商的号召下，果敢的怀汉新毅然辞去公职而下海了。下海经商的怀汉新当时只不过是生物健技术的持有人。

在怀汉新看来，生物健技术是有着巨大市场潜力的，于是就大胆地投入了。1988 年 8 月，太阳神正式宣布全面启用整套 CIS 设计用于营销推广，将黄江保健品厂的厂名、商品名和商标统一变更为太阳神，其后就迅速崛起，红遍大江南北。当年实现销售收入 750 万元，超过预期 10 倍以上。到 1990 年，太阳神的销售额达到 2.4 亿元。1992 年，太阳神成为资产总值高达 7 亿元的企业集团。自此无人能否认太阳神在中国保健饮料行业的"江湖老大"地位，其市场份额最高时达到 63%，这绝对是一个前无古人后无来者的记录。

起初，太阳神的企业发展战略一直是"以纵向发展为主，以横向发展为辅"，即保健品发展为主，多元化发展为辅。但从 1993 年开始，太阳神向多元化大举进军，纵向发展与横向发展齐头并进，一年内投入了包括石油、房地产、化妆品、电脑、酒店等 20 多个项目，在新疆、云南、广东和山东相继组建成立了"经济发展总公司"，进行大规模的收购和投资。①

从 1992 年到 1993 年这短短的时间里，太阳神把大部分销售收入资

---

① 论企业多元化战略 [EB/OL].[2017–02–23]. http://doc.mbalib.com/view/3072d536f238a2a261528a87d12255ca.html.

金转移到这 20 多个项目中，注资高达 3.4 亿元，但这些项目却没有一个成为新的"太阳神"，投入的 3.4 亿元就这样血本无归了。

在完成早期积累步入持续发展时，太阳神的管理层一致认为，什么领域利润高就进入什么领域，最终使太阳神落入了多元化扩张的陷阱。到 1997 年，太阳神全年亏损 1.59 亿元，在香港的股价由前一年的每股 2.2 港元惨跌到 9 分港币。①

在上述案例中，不管是珠海巨人，还是太阳神，或者是 20 世纪 90 年代以来中国的一些其他企业，进行过多元化扩张并最终失败的教训都在警示着中国的创业者，那就是在创业过程中，一旦盲目多元化扩张，必然遭遇巨大危机，甚至是惨遭失败。

反观史玉柱所建的决策委员会投资机制，不可否认，正是这种机制，数年来，一直在给史玉柱发热的头脑"泼冷水"。时任新浪董事会联合主席的吴征在退出新浪的时候，希望找一个人来接手，给出的价格十分吸引人，有人问史玉柱买不买，虽然事后证明，若当时出手的话，他就会净赚数十亿元，然而，当时决策委员会觉得风险过大而没有同意购买，最后他选择了放弃。当然，史玉柱也不怄气，因为决策委员会的许多决策也为他挡住了不少风险。

---

① 论企业多元化战略 [EB/OL].[2017-02-23]. http://doc.mbalib.com/view/3072d536f238a2a261528a
87d12255ca.html.

忠告5：少干一件就少干一件，不但不要多元化，而且创业的时候最好主攻一个方向，要做就做一个产品

对于创业者来说，专业化创业的成功率更高。

20世纪90年代初期，史玉柱仅凭销售软件的月利润就高达千万元，在这样的顺境下，一帆风顺的创业开局一度让他迷失了自我。日后，史玉柱回忆道："幸福来得太突然，头脑发昏，当时就以为做啥都能成。"

于是，史玉柱将自己的创业大船开向了"深海"，开始涉足医药、化妆品、服装、房地产、保健品等多个领域，迅速构筑起自己的产业帝国。

不久，史玉柱就为自己盲目出击付出了代价，尝到了失败的滋味。由于对涉足的多个领域不熟悉，加之摊子铺得过大，不仅血本无归，还背了两亿多元的债。

面对败局，史玉柱告诫创业者，作为创业者，初创企业尽可能地不要盲目多元化，要抓住一两个行业做深做透，做成专家。史玉柱说道："对证券市场来说，鸡蛋不能放在一个篮子里；但是对做企业来说，鸡蛋必须放在一个篮子里，搞实业必须专业化。"

在史玉柱看来，新常态经济的今天，竞争日益激烈，创业者只有研发和生产比竞争对手更好的产品，商业模式比竞争对手更为先进，同时坚持专业化战略，才能在自己最懂的领域，做深做透，超越对手。

为此，史玉柱在多种场合告诫创业者："不要搞多元化，尤其企业不大的时候。我觉得能少干一件就少干一件，不但不要多元化，而且创业的时候最好主攻一个方向，要做就做一个产品。你要做这个产品还不能说平均用力，一定要把你的核心竞争力那一点用足。凡是你想干的事越多，你失败得越快。反正我看得太多了，今天见了这个他想做这个，明天他又想做另外一个，后天一问，他总共在做三个。再过一年问他，他啥都做不成了，因为他已经破产了。但是如果他坚定不移地聚焦到一点上面，做一个产品，把这个产品做到极致，所有的团队、人力、财力、物力，全部投入到这个上面，这种成功概率比其他的要大很多。"

大量事实证明，创业者一旦盲目多元化，那么必败无疑。史玉柱的观点很有代表性。反观史玉柱的创业历程不难发现，这些观点都是他自己的创业经验。

1997 年，巨人集团由于多元化失败，欠债高达 2.5 亿元。其后，史玉柱再次创业，2001 年，他还清了第一次创业的欠款，之后重新崛起。2004 年，史玉柱涉足网络游戏行业，经过 3 年的奋斗，2007 年，新"巨人"成功赴纽约证券交易所上市。

在这 10 年间，史玉柱完成了从盲目多元化到专业化的转变——战略聚焦。史玉柱在公开场合坦言，在 10 年间，他仅仅做了三件事情。史玉柱回忆道：

　　"这 10 年来我只做三件事，第一是做保健品，做脑白金后发现当时行业内的前五位都有 10 款以上的产品，我们就决定只做脑白金这一款产品，这款产品取得成功并且稳定之后我们才开始做第二款产品黄金搭档。最后结果是什么？从销量看，脑白金和黄金搭档是3000个保健品产品中的第一名和第二名，销售额遥遥领先，在保健品领域我们是这个行业第三名、第四名、第五名的总和，已经不是简单的第一地位，而是霸主地位。

"第二是做投资银行。现在看来我赚了100多亿元，当初选择投资时，我们是从几十个行业中筛选出金融业，从金融业再细化出银行业，银行业又筛选出只做上市和接近上市的银行。我们当时已经预测到未来5年后银行业会怎么样，10年后会怎么样，现在看来当初的判断是正确的。

"第三就是做网络游戏，做了网络游戏后，前两个我都不管，并且全身心关注这个行业。"①

可以肯定地说，史玉柱放弃多元化战略，是吸取曾经盲目多元化失败的教训。东山再起的他绝口不再谈多元化战略，反而将聚焦行业专一化发展视为自己的成功秘籍。这就是史玉柱东山再起的创业经验。

---

①史玉柱：做企业不能只靠营销成功 [EB/OL]. （2008-03-10）[2017-02-23].http://tech.163.com/08/0310/00/46KOP5K5000915BF.html.

第二部分

坚守诚信方可能创业成功

在中国，只要你足够执着、诚信、勇于承担责任，你就完全有可能成功，一言以蔽之，你可以"赢在中国"。

——巨人创始人 史玉柱

忠告6：企业的诚心是最重要的，中国不少企业缺的就是这一个

在如今的资本雾霾下，夸大其词的业绩似乎成为中国互联网创业者在引入风险投资基金时必须具备的一项技能。当"超级课程表"和广州超级周末科技有限公司创始人余佳文这个名字因为"一亿元"利润的一年之约爆红在媒体头条时，媒体的舆论将创业者的诚信问题推向风口浪尖。

客观上，现有资金规模和渠道比较狭窄都会给创业者带来更大的竞争压力，当下的创业者，个性鲜明，不怯场，不惧表达自己的观点和意见，所以更能引入风险投资。

有些创业者为了更好地引入风险投资，自然会夸大业绩，这无疑能为创业者提供企业起步所需要的一切：关注度以及资金。但是同时，创业者们不得不面临业绩夸大被戳破所带来的诚信危机。这是一把双刃剑，而选择的权利永远都把握在创业者手中。

在史玉柱看来，作为创业者，在中国只要执着诚信，就可能成功。究其原因，是因为史玉柱认为，"企业的诚信是最重要的，中国不少企业缺的就是这一个"。史玉柱曾是巨人，现在又打出巨人之牌，相信这

个巨人的脚步更坚实了。

在史玉柱看来，诚信是企业经营的第一要素。不讲诚信，必然要为之付出巨大的成本和惨痛的代价。

1999 年，史玉柱再次登上各大媒体的头版头条。重出江湖的史玉柱向媒体披露了自己的还钱计划，全部偿还巨人集团所欠下的 1.5 亿元楼花款。

史玉柱的还钱计划就如同蝴蝶效应，小小的微波激起了千层浪。不久后，一个媒体记者采访史玉柱时好奇地问道："2001 年，您在这一年想做的最大的事情是什么？"

史玉柱坦然地回答说："还债。"

2001 年 1 月，史玉柱时任上海健特生物科技公司策划总监，按照还钱计划，通过珠海士安公司收购巨人大厦的楼花，从而践行自己的还债承诺。

史玉柱东山再起的时刻，用诚信来推广"史玉柱"，让媒体、银行、消费者记住"史玉柱"。对此，他解释说："收购巨人大厦楼花，还清 1.5 亿元的欠债……商人也很现实，我是站在商人的角度，那我这个钱如果不还，我以后也做不大。出于商业的考虑，我也必须把这个钱还上。"

经营失败，史玉柱完全可以申请破产，但他依然没有忘记坚守诚信的巨大商业价值，而且更加意识到诚信对于企业经营的重要作用。在很多公开的场合，史玉柱在接受媒体采访时坦言："我们身处的这个社会和时代之所以伟大，其中一个原因，是它能给从零起步甚至从负数起步的人提供巨大的商业机会，并让他最终成功。可以毫不夸张地说，它是许许多多怀有发财致富梦想的人的实实在在的天堂。在世界上的其他地方，要想一夜成名、一夜暴富，基本上可能性比较小，但在中国，只要你足够执着、诚信、勇于承担责任，你就完全有可能成功，一言以蔽之，你可以'赢在中国'。"大量事实证明，诚信不仅是做人的基本准则，也是创业企业发展的基石和赢得竞争的重要因素。

忠告 7：作为一个企业来讲，最重要的道德制度就是诚信的原则

研究发现，在中华民族五千年的灿烂文化中，"诚信"二字占有极重要的位置。人无诚信不立，企无诚信不兴，国无诚信不强，社会无诚信不稳。[①]

许多的知名企业在一度短暂风光之后就夭折了，其原因就是只顾眼前利益，存有投机的侥幸心理。我们来剖析一个真实的企业案例。

在中国商业史上，被誉为"中国第一商贩"的年广久可算得上是响当当的人物，他是安徽"傻子瓜子"的创始人，还

---

① 马文凤. 呼唤诚信：全社会的心声 [N]. 河北经济日报，2009-06-13.

曾被邓小平同志三次点名表扬。

然而，究竟是什么原因使得这个名噪一时的"傻子瓜子"悄无声息了呢？这要从"傻子瓜子"公司说起。

据媒体报道，出生于1937年的年广久，他十几岁就接过父亲的水果摊，并沿袭了父亲的"傻子"绰号。

20世纪70年代末80年代初，年广久投师学艺，因开创出独具风味的"一嗑三开"的"傻子瓜子"而名扬江淮。

1982年，旗开得胜的年广久高调宣布"傻子瓜子"将大幅降价，其降价幅度达到了26%。而年广久的这一奇招使得"傻子瓜子"一炮走红。

在销售策略单一的20世纪80年代，年广久再一次掀起了促销风暴。1985年，年广久策划了一个"傻子瓜子"有奖销售活动，顾客只要购买1千克"傻子瓜子"，就可以获得奖券一张，凭这张奖券就可以兑现"傻子瓜子"公司的促销奖品。

尽管这样的促销现在每个商家都在使用，但是在20世纪80年代初的中国，这样的产品促销还不尽为顾客所知。"傻子瓜子"有奖销售活动一开展，顾客纷纷购买"傻子瓜子"以获取奖品。

"傻子瓜子"在有奖销售的第一天就售出了1.31万千克，最多时竟然一天就销售了22.55万千克。

然而，面临经销商大批量的进货，"傻子瓜子"无法提供充足的货源。于是，年广久只能从其他公司大量购买非经自己制造和检验的熟瓜子，再贴上"傻子瓜子"的商标，去有奖销售，而这些外购的瓜子中，有很多是陈货劣货，是假冒伪劣产品。

很快，很多经销商纷纷要求退货。而且，让年广久没有想到的是，政府发布公告，禁止所有工商企业搞有奖销售的促销活动。政府的这一禁令使得"傻子瓜子"公司所售出的奖券一律不能兑现，各地经销商纷纷退货，瓜子大量积压，银行要求归还贷款，再加上公司又打了几场官司，公司一下亏损150多万元，而且公司的信誉降到了最低点，年广久不得不吞下自己种下的苦果。

年广九没有珍惜中央高层的关心，而是采用假冒伪劣产品以次充好，欺骗消费者。如果他能够从抓质量、抓管理入手，进一步寻求发展，其前途是光明的。

对于商家来说，"顾客就是上帝"的道理应该再熟悉不过。随着商业社会的进一步发展和成熟，可以肯定地说，客户至上，是长寿企业的法则之一。

在日本长寿企业中，用户是"上帝"，企业不仅把用户视为"衣食父母"，而且把用户当作企业存在的根基。因而各企业都把为用户服务、为社会做贡献列入基本方针和社训之中。这种用户第一的策略，在营销过程中也折射到企业内部营销，确立了"下道工序是客户"的观念。①

---

① 曹亚克.日本企业的营销理念及启示 [EB/OL]. 企业研究，2001（8）.

同时，日本企业在顾客至上的策略中，实行"总体质技管理方法"，也就是企业质量管理不局限于生产过程，而是涉及产品的设计、试制、生产、销售、消费等各个方面。如松下电器一再告诫员工"达到最好质量，公司才不会破产"，"百分之一的次品对于买者就是百分之百的次品"。[①]

可以肯定地说，任何一个创业者都希望自己创办的企业基业长青和永续经营。但是我在采访和培训一些企业经营者时发现，要想实现这样的梦想，可谓是"蜀道之难，难于上青天"。

市场经济从某种意义上讲，就是信用经济，离开了诚信，在互不信任、互相防范的情况下，根本不可能有市场经济的真正发展。在中国，目前诚信却成了一种稀缺资源，匮乏到有人呼唤设立"诚信日"。曾经欠下一身债的史玉柱的还债行动一再被人们推崇为守信的典范。[②]因为史玉柱知道，不讲诚信就要付出巨大的成本和代价，这样将得不偿失。

在1999年7月健特公司成立时，史玉柱就签署了一份协议，借1亿元来偿还巨人集团所欠的款项。

该协议大致是这样的：健特公司运营脑白金，如果失败了，史玉柱偿还公司本金，如果发展起来了，健特要借1亿元给史玉柱用来解决珠海巨人大厦的问题，将来健特要上市，史玉柱再用获得的收益还。

这份协议引来了社会各阶层的"嘘声一片"。有的人认为，这是史玉柱在"作秀"，其目的就是为自己的新产品免费做宣传，同时也是为东山再起策划了一个极具轰动效应的免费广告。

---

① 曹亚克.日本企业的营销理念及启示[EB/OL].企业研究，2001（8）.
② 北京青年报.财富新发现：中国市场之诚信回归篇[N].北京青年报，2002-01-14.

在很多创业者看来，这笔原本可以不用归还的巨额欠款，只有傻子才会归还，史玉柱只不过是说说而已，不可能当真。

单纯从法律的角度来分析，史玉柱可以采用申请破产、清盘的方式来规避归还巨额欠款。这样的话，那些巨额欠款就都与史玉柱没有什么关系了，这是很多法学专家都认定的事实。

然而，史玉柱却选择了偿还巨额欠款。作为一个企业来讲，最重要的道德制度就是诚信，史玉柱还钱的行为表明了他的诚信，表明了他企业的诚信，这对他和他的企业的前途，都是一个无心插柳的高回报投资，虽然这种投资本身就代价高昂。

在中国的商业史上，诚信一直被视为经商之根本。2001 年，史玉柱还清了全部欠款时，曾经对他的怀疑和否定也都烟消云散了。

忠告 8：不诚信付出的成本是十分巨大的，这都是血的教训换来的

对于一个初创企业来说，核心竞争力的强弱直接决定着企业的生存与发展。一般来说，初创企业较为重要的核心竞争力，主要表现在两个方面：第一，初创企业内部积累的互补性优势；第二，初创企业的商誉。

从短期角度分析，决定初创企业核心竞争力的因素，纵然是多种多样的，如新产品研发、技术创新、流程再造，等等，但是从长远角度分析，诚信才是决定初创企业竞争力的根本基础。对于一个初创企业来说，一旦缺乏诚信，即使该企业的管理效率再高，技术再先进，产品外观设计再好，也无法赢得消费者的认可，更别谈在市场上实现其商业价值了。因此，对于创业者来说，一旦拥有诚信，就可以给客户、股东、合伙人足够的信任感，从而赢得顾客，赢得市场，赢得信誉，赢得效益。

正因为如此，史玉柱在企业经营过程中把诚信看得比金钱更重要。比如，在东山再起之前，史玉柱高调宣布归还巨额欠款。据他介绍，高调宣示归还巨额债务，意在重塑商业信誉。

在史玉柱看来，没有什么比信誉更重要，诚信甚至重于生命。因为诚信，作为一个基本的伦理道德要求，不仅在我国传统文化中传承了几千年，而且早已成为现代社会的一种核心理念和价值观念。[①]

在《赢在中国》第三赛季晋级篇第七场中，作为评委的史玉柱善意地告诫创业选手李璇："消费者最迷信的人是他所认识的人，口碑的杀伤力最大，成本也最低。"

李璇在一家珠宝电子商务网站担任经理，其参赛项目是：期望做中国最大的珠宝电子商务网站。

据李璇介绍，他们用在线直销方式，挤去珠宝销售中虚高的价格水分。正因为如此，该网站的珠宝平均价格比商场低50%至70%。不仅

---

① 马文凤. 呼唤诚信：全社会的心声 [N]. 河北经济日报，2009-06-13.

如此，该网站已与珠宝制造商、国内外最权威的珠宝鉴定机构建立了紧密的合作关系，仅在2008年，其销售额就已经达到120万元。

在这里，我们来回顾一下当时的现场简况：

史玉柱：互联网的信誉度实际上是很差的，充满了欺诈。在珠宝价格差不多的情况下，你问消费者，是喜欢去王府井买，还是在网上买，我想一般来说，大家会选择去王府井。网上的信誉度可能是你最大的瓶颈。

李璇：您说得对。

史玉柱：你怎么解决？你刚才说有认证，但网上说自己通过认证的很多。

李璇：我分三点回答您的问题。第一，我们确实有认证，大家可以随意去核实；第二，在支付方面，我们现在也使用支付宝，支付宝是消费者最认可的；第三，我们是认真对待这个事业的，可以以企业信誉去担保，当然这需要经过消费者长期的比较检验。我们要做这个行业的一流品牌。

史玉柱：你现在有没有门店？

李璇：没有，如果消费者愿意实地调查，可以到我的办公室来。

史玉柱：你的办公室不是破破烂烂的？

李璇：不是。我们常跟珠宝商打交道，所以不能太寒酸。办公室在北京的CBD（中央商务区），挺好的地儿，欢迎参观。

史玉柱：做珠宝，你最关注的因素有哪些？

李璇：首先是质量，这是企业的命脉；其次是价格；再次是售后服务。

　　史玉柱：这三方面，你们企业哪点最突出？

　　李璇：我觉得质量和价格对消费者同等重要，我觉得我们的性价比最好。

　　史玉柱问完李璇问题后，给予李璇较高的评价，因为史玉柱清楚地知道，诚信体系不是一天就能搭建完成的。他点评道："我觉得你核心的问题是信任问题。现在网络上充满了不信任，所以对你来说，让消费者信任你，是你最需要解决的问题。我觉得解决这一问题，树立口碑是个比较好的方式。因为消费者最迷信的人是他所认识的人，口碑的杀伤力最大，成本也最低。"

　　为此，史玉柱给李璇提了一个较好的建议："因此，我觉得你应该在你的网站上，而不是在别人的网站上，建立一个BBS（即网络论坛），帮助树立消费者对你的信任度，这个成本也不大。再讲细点，你可以给买了你产品的人，免费为他建个博客，让他有机会展示他的戒指。一般人有戒指，总想给别人看，与别人交流，尤其是想告诉别人他一千块钱买了价值两千块钱的东西，他会很得意。你还可以搞个搜索，给那些对买珠宝拿不定主意的人做参考。你还可以做网上拍卖，比如一周拿一个宝石出来，价值两千块钱，从一块钱起拍，以此吸引消费者，扩大你的知名度。总之你要想方设法吸引消费者，把你的网站办得红红火火，到时自然你的生意就跟着上来了。我只是粗粗说些意思，需要你根据自己的情况去细化。"

　　不可否认，在商界打拼多年的史玉柱，对诚信的膜拜是常人不能理解的。因为史玉柱明白，企业讲诚信，不仅能更好地树立自身形象，而且还能提高企业竞争力。在点评环节时，史玉柱回忆道："在困难的时候，比如我还老百姓钱的时候，大家都说我很诚信，实际上是因为什么？是因为我曾经不讲诚信，在我困难的时候，我对老百姓的承诺，我没有兑现。因为我没有兑现，我发现这个成本太高了。对我的未来的路子成本太高，以后我对自己这方面要求就很高。"

他补充说道："我说三年之内我要把他们的钱还掉，过了三年我没有还出来，老百姓那时候是很痛恨我的，看到他们对我愤怒的眼光，那种冲击是非常大的。所以我后面做的这些东西，实际上是在弥补我的过失。"

为此，史玉柱告诫创业者："做任何一件事或者违反任何一个规则，都是要付出成本的。只不过我觉得作为一个企业经营者，如果你不诚信，你付出的成本是十分巨大的，这个都是我用血的教训换来的。"

媒体在公开采访史玉柱时问道："当初为何没有在企业倒下时申请破产，从而可以独善其身？"面对这个问题，史玉柱坦言，如果申请破产，就会牵涉他个人的信誉。他还补充说道："一旦信誉没了，以后也就无法在江湖上混了。"

据史玉柱介绍，巨人集团的债务主要体现在三个方面，见表2-1。

表2-1　巨人集团债务的三个部分

（1）	巨人集团分公司的经营债务
（2）	在香港特别行政区所销售的楼花没有兑现的债务
（3）	在中国内地，投资者购买楼花而没有兑现的债务

面对这三块债务，史玉柱无疑是想尽快还上的，特别是在2001年，

他最想做的事情就是还清巨人集团曾经所欠的巨额债务。

按照史玉柱 2001 年年初的估算，到 2001 年年底，巨人集团所欠的一切债务，都是可以还清的。

那么，史玉柱到底负债多少？而他又还了多少债务呢？

据资料显示，巨人集团当年的负债在 3 亿至 3.5 亿元之间。在这 3 亿多元的债务中，1.5 亿元需要来还清购买巨人大厦楼花者的债务，欠其他企业的债务在 1.5 亿至 2 亿元。

2001 年 2 月，为了偿还购买楼花者的债务，史玉柱为债权人提供了两种偿还方式，见表 2-2。

表 2-2　偿还购买楼花债权人的两种偿还方式

（1）用现金一次性偿还	按照当初投资者购买金额的 70%，一次性用现金偿还。偿还期为 2001 年的 1 月 31 日到 2001 年 2 月 15 日
（2）分期偿还	按照购买金额的 100% 偿还，但是要分为两期支付，即现期支付 40%，2001 年年底再支付剩余的 60%

史玉柱的还钱方式公开后，大部分债权人出于拿回更多资金的目的，纷纷选择了分期拿回偿还金额的方式，即 2001 年年底再拿回剩下60% 的欠款。

让史玉柱感到欣喜的是，此次还债不仅非常顺利，而且还找到了90% 的债权人。当然，这其中有 75% 的债权人选了分期偿还的方案，债款要分两次付，年底还要再付一次，这部分欠款大概有 2000 万元。

当史玉柱还债的新闻被媒体报道后，联想集团创始人柳传志当天晚上打电话给史玉柱，称赞其主动还债的举动。在中央电视台财经频道的一次访谈节目中，作为中国企业界一面旗帜的柳传志对史玉柱当年的还钱行为倍加赞赏。

柳传志称赞说："咬紧牙关还钱，表面上看史玉柱好像吃亏了，1亿多元现金他付出了，但是这个回报不止1亿元。巨人集团给自己将来的定位还是很高的，还是有野心的，要做到很大规模。因为将来定位那么高，如果有一笔不良记录，这对集团将来的发展是很不利的。作为一个民营科技企业家，要有一种社会责任感，是你的错就要敢于承担。再说欠的是老百姓的钱呀！另外，史玉柱忘不了在他最困难之时，浙江大学几位大学生写给他的信，他们希望他这个校友不要让创业的大学生失望！正是这些鼓励，史玉柱今天才会有钱还，才能再站起来！"

如今的史玉柱还清了当年巨人集团所欠债务，兑现了自己的诺言。在他看来，不管未来社会的风向标指向什么方向，只要有诚信，欠债还钱，遵守承诺，巨人集团就有未来。如果不遵守诚信这个法则，那么为此付出的代价必定会是很大的。

第三部分

宁可慢一点，资金链一断就完蛋

企业成功不是靠赌出来的，杠杆太高就是赌博了，企业负债率低一点，发展可能会慢一点，但是安全的。所以做投资，关键就是要控制自己的负债率，控制自己的杠杆。

——巨人创始人 史玉柱

忠告9：搞投资，最大的教训就是要控制自己的负债率，控制自己的杠杆

在很多创业者看来，初创企业一旦步入良性发展之后，摆在自己面前的第一道坎就是如何让企业高速发展，有的企业的发展甚至可用"火箭速度"来形容了。

殊不知，这样的战略可能将企业带入绝境之中。为此，史玉柱在很多公开场合告诫创业者："我在投资上交过学费，也有成功的地方，投资中控制风险往往是第一位的。凡是搞投资不能靠赌，前段时间我赌成功过，但也赌失败过。一旦涉及投资，必须慎重，在搞投资时，风险要控制住。从事投资类的企业，它的负债率很关键，像巨人大厦倒掉前期，我们的负债率非常高。我们后来搞脑白金的时候，负债率是零，不需要银行贷款，要钱我在市场多卖点钱就来了；做《征途》时也是如此，搞投资多少会负点债，一个企业负债率不能太高，太高真是要出事。"

史玉柱的观点不是信口开河，而是总结失败的教训。他坦言："过去10年，中国的著名企业家，被抓起来的、坐牢的，最知名的能找十几个，一般的都加上，能找到五六十个，他们每个人坐牢的理由不一样，

有金融欺诈等各种罪名。你仔细看，这些人出事最根本的原因就是资金链绷得太紧，负债率太高。作为一个员工，有钱做点投资，还是要少用杠杆，我用过杠杆，还是挺危险的。因为企业成功不是靠赌出来的，杠杆太高就是赌博了，企业负债率低一点，发展可能会慢一点，但是安全的。所以做投资，关键就是要控制自己的负债率，控制自己的杠杆。"

在史玉柱看来，稳健的企业战略是必要的，一旦盲目追求速度，无疑是杀鸡取卵。在中国企业家中，史玉柱并不是唯一一个坚持稳健战略的企业家，老干妈创始人陶华碧也同样坚持该战略，在他们看来，宁可慢一点，资金链一断企业就完蛋。

作为传统企业的老干妈，在"不贷款、不融资、不上市"的"三不"政策中稳健发展，绝不冒进，这样的经营策略让那些整天都在叫嚣融资难和好大喜功的企业家都汗颜。

改革开放的30多年，是新中国企业史上最激情四射的一段时间。对于诸多创业者而言，每一个行业都充满了无数的、潜力巨大的商业机会，在这些创业者的意识中，除了扩张、再扩张以外，依然还是扩张。似乎这些创业者永远没有学会控制自己的欲望和本能。然而，日后的诸多事实都证明，在一波又一波的多元化浪潮中，那些失去理智和控制力的企业家都将为自己的鲁莽行为付出代价，同时也为自己的多元化决策独吞苦果。

2006年4月，重庆黑格集团前董事长赵玖学被公安机关刑事拘留的新闻在西南地区流传，这样的新闻自然引起了陶华碧的关注。当时，经过10年发展的老干妈，同样面临着路径选择和规模扩大的问题。当赵玖学扩张规模受挫后，陶华碧更加坚信"不要去贪大，要先把自己做强"的经营思路。

在这里，我们来介绍一下重庆黑格集团前董事长赵玖学的冒进。

2002年，黑格集团投资1.5亿元开发建筑面积7万平方米的大江广场南城新街项目，该项目集商贸、娱乐、餐饮、高档社区为一体。

该项目成功后，赵玖学在2003年挥师万州，获得了地处万州高笋塘商业中心广场的一块地皮。他对外强调，黑格集团将投资4.5亿元把3.5万平方米的万高国际项目打造成万州的城市名片。

此次项目非常顺利，这就使赵玖学加快了冒进的步伐。2004年，重庆渝中区人防工程招标租赁，赵玖学一举中标，并取得重庆渝中区人防工程20年租赁权。他对外宣布，黑格集团将投资1.2亿元，把总建筑面积2.5万平方米的重庆渝中区人防工程建成艺术商业大街。在重庆圈地并不能满足赵玖学的欲望，于是他把视野延伸至全国各地，在南京开发了明月港湾项目。

然而，房地产的扩张运动也不能满足赵玖学的野心。他又把目光转移到农业领域。2004年，黑格集团控股重庆远大生态农业有限责任公司（以下简称远大公司），拉开了黑格集团大规模进军农业领域的剧幕。控股远大公司后，黑格集团依托在南川建立的美国曼地亚红豆杉种植基地，拟在之后数年内斥资大约1亿元建立红豆杉快繁基地和药物生产基地，开发当今世界上方兴未艾的天然抗癌良药——紫杉醇。

然而，黑格集团毕竟资源有限，不可能支撑起一系列的冒进中所需的扩张费用。但是，赵玖学并没有打算停止冒进。2005年8月，黑格集团又收购了重庆三达德票务有限公司。

最终，盲目冒进让赵玖学尝到了苦果。黑格集团旗下所有项目全是需要充足资金流的商业地产项目。招商不如人意，项目销售周期无法预期，导致黑格集团资金不能正常运转，资金链越扯越紧。据称，赵玖学曾经期望从银行贷款救急，却未能成功，最终黑格集团因资金链断裂而崩溃。

企业经营必须遵循产业经济发展的基本规律，哪怕是中国目前最热的房地产业也不例外。在上述案例中，赵玖学的失败源于其取得一点成功之后，就开始盲目冒进，使得黑格集团轰然倒下。而这并非个案，这种失败案例可以说是举不胜举。

老干妈在规模扩张中，一向坚持稳健发展，绝不冒进，深知创业成功来之不易的陶华碧在选择发展路径时，自然要慎重很多。这就使得陶华碧坚信，尽管老干妈发展到一定的规模，但要摒弃急功近利的投资行为。陶华碧第一次开始扩大经营规模，是用捡来的半截砖和油毛毡、石棉瓦，一夜之间搭起了能摆下两张小桌的"实惠饭店"。第二次经营扩张，是白天开饭店，晚上在店里用玻璃瓶包装豆豉辣椒，一直忙到凌晨4点，"手都装得扯鸡爪疯"，然后睡两个小时，早上6点又起床开门营业。第三次经营扩张，是在1996年7月，陶华碧借南明区云关村委会的两间房子，办起了食品加工厂，专门生产辣椒调味品，定名为"老干妈麻辣酱"。第四次经营扩张，是在2001年，为了进一步扩大规模，陶华碧准备再建一处厂房。

陶华碧的每一次经营扩张，都较为稳健，没有盲目冒进，在投资新项目时全面考察，尽可能做到稳中求胜。因此，陶华碧的规模扩张给企业家们的启示是，企业投资新项目容易，但是避险就非常艰难了，特别是很多新项目并非坦途一片，在新项目决策制定、实施以及项目建成后的管理过程中，稍有不慎，便可能埋下种种风险，致使企业陷入进退两难的泥潭。因此，在扩大规模时，必须高度警惕可能存在的风险，加强防范，有效规避，确保达到扩张的预期目的。

当然，对于家族企业创始人来说，企业发展达到一定规模，并不是不能投资新项目，投资时需要理性，切不可贪多求快、盲目扩张，需要统筹规划，防患于未然。这正好契合了史玉柱的稳健战略。

忠告10：民营企业，现在还活着的不到20%，主要 问题不是管理不善，而是财务危机

在创业企业的发展过程中，创业者由于自身的原因，往往把企业带入死胡同。这就是初创企业死亡率较高的主要原因。为此，史玉柱告诫创业者："企业最怕在现金流上出问题，企业亏损不一定会破产，但现金流一断企业就会完蛋。"

众所周知，企业不怕暂时的亏损，最怕在现金流上出问题。史玉柱坦言："10年前的民营企业，现在还活着的不到20%。主要问题其实不

是管理不善，而是财务危机。"

在史玉柱看来，对于任何一个创业者来说，要想让初创企业做强做大，就必须要做到两点：第一，保证现金流不断裂；第二，在企业经营时，保证其稳健性、可持续性，绝对不能盲目冒进。

可以肯定地说，由于现金流断裂而导致企业倒闭的问题，史玉柱有切肤之痛，非常具有发言权。想当初，史玉柱投资失误，导致巨人集团的运营资金紧张，最后使得资金链断裂，他因此在商场折戟沉沙。

在撰写《命门：中国家族企业死亡真相调查》一书中，我就谈过企业家由于不懂得财务而盲目投资的案例。在这里，我再次分享给读者。

在 20 世纪 90 年代末期至 21 世纪初期，陈川东是重庆餐饮界一个"教父式"的人物。当很多创业者带着悲喜交加的思绪再次提到陈川东首次完美将川粤两大菜系结合的创举、曾经让百事可乐都心生妒忌的陈川粤系列饮料以及那一度风光无限的陈川粤大酒楼时，都会情不自禁地感慨万千。而今，各地陈川粤大酒楼这艘"美食航母"已经坠入深海；早已销声匿迹的"火锅爽"系列饮料与中国火锅热形成非常鲜明的对比。

可以说陈川东是中国改革开放时期一个出色的企业家，尽管他是以失败的方式出现在本书的案例中，但他敢想敢干、勇于创新的企业家精神还是能激发中国诸多创业者的实干热情。

1992 年春天，陈川东下海创业，他向亲戚和朋友借了5000 元现金作为启动资金，成为广州"小洞天"川菜酒楼的经理。

让陈川东没有想到的是，"小洞天"川菜酒楼开门营业还不到一个月，每天食客盈门，开了一个好头。

当然，"小洞天"川菜酒楼要想在广州经营下去，面临的困难依然很大。在广州，粤菜菜品用料高档、做工考究。食客有着这样的偏好，无疑极大地冲击"小洞天"的经营。为摆脱困境，陈川东就大胆尝试在自己的川菜馆中配用粤菜的原料，这样不仅提高了"小洞天"菜品的档次，还融合了广东传统饮食的口味。

经过一段时间的探索发现，陈川东将川菜、粤菜的优势结合在一起，在餐饮界形成了自己独特的风格。这不仅赢得四川消费者和广东消费者的认可，同时还为中国餐饮业创造了一个川粤合璧的新派菜系。

随着办酒楼的经验越来越成熟，名气越来越大，1993年，陈川东在广州创立了川粤大酒楼，推出一系列川料粤吃、粤料川做的新派川菜。1993年冬天，广州川粤大酒楼经众多美食家评选，荣获广东名店美食金奖。

1994年，陈川东创立了重庆川粤大酒楼。重庆川粤大酒楼营业面积1200多平方米，开业后，经营一直火爆，被新闻媒体称为"川粤现象"。

1996年，陈川东乘胜前进，又投资2000多万元，在位于北京市西二环阜成门附近的四川大厦开办了北京陈川粤大酒楼。据说这是当时北京著名的高档饮食场所之一，其生意异常火爆。

经过10余年商海征战，陈川东在北京、广东、四川、重庆等地有陈川粤大酒楼，还把陈川粤大酒楼开到万里之外的美国。首创"川粤合璧，金牌美食"的陈川东，以其敏锐的洞察力分析餐饮业的发展趋势。从此，川粤饮食集团改名叫陈川粤集团。

陈川东的企业帝国，不仅经营像陈川粤大酒楼的餐饮，还经营饮料厂。当时，陈川粤经营的饮料畅销西南市场，连可乐饮料业巨头可口可乐和百事可乐都不敢小视。

陈川粤大酒楼成为中国餐饮行业的一匹黑马，不仅受到消费者的青睐，更引起了众多投资者的关注，投资者纷纷向其寻求合作，这其中就包括重庆群鹰商场的管理者——重庆夫子池物业公司。

重庆夫子池物业公司寻求跟陈川东的合作，主要是因为若干位雄心勃勃的投资者在群鹰商场巨资经营保龄球馆、百货、酒楼、皮具商场等都以失败告终。其实，群鹰商场的地理位置位于重庆商业中心——解放碑步行街的西街口，可以说是一个寸土寸金的黄金位置。

为了改变过去屡战屡败的局面，重庆夫子池物业公司想凭借与陈川东的合作，从而打造一个商业航母。在与陈川东的合作中，重庆夫子池物业公司以1.59亿元的价钱将群鹰商场10年产权转让给陈川东。

而此时的陈川东也希望有群鹰商场这样一个大型美食大厦来成为陈氏餐饮帝国的旗舰店。于是，陈川东答应了重庆夫子池物业公司提出的条件。在剔除合同中一些其他因素外，陈川东实际支付给重庆夫子池物业公司的房租款为1.3亿元。

陈川东之所以答应重庆夫子池物业公司的条件，是因为：

第一，在1999年，该大厦的评估市值为2.26亿元；如果陈川粤美食大厦全部装修后，该大厦的评估值绝对不会少于2.5亿元。所以，陈川东认为，按最保守计算，大厦仅地产部分10年增值就可达1亿元以上。

第二，陈川东根据自己实战多年的商业经验认为，只要陈川粤美食大厦正常营业，即使最坏的结果是每年亏损两三百万元，10年中仍然可以从该大厦中赢利数千万元。在陈川东的算盘中，承租群鹰大厦绝对是一个只赚不赔的项目。

第三，陈川东想凭借陈川粤美食大厦提高其在全国餐饮界中的地位，以重庆为中心，为陈川粤在全国各地拓展连锁店打下坚实的基础。

第四，从陈川粤的财务状况上看，按照10年支付给群鹰大厦1.59亿元的承租款计划，每年只需支付1000余万元就可以了，这样的发展战略相对还是较为稳健的。而部分银行也表示可以先期贷给陈川东2000万元，租赁设备的合作者也表示，只要陈川粤美食大厦正常营业，愿意以500万元把设备租赁给陈川东。在这样的情况下，陈川东更是信心百倍。

然而，意想不到的情况还是发生了。

当装修队进驻群鹰商场的同时，陈川东就已经着手对招聘的300余名员工进行岗位培训，按照陈川东的部署，陈川粤美食大厦装修一完毕就可以立即开业。但是，让陈川东没有想到的是，陈川粤美食大厦不只是一个简单的装修问题，仅消防管网的改造就花费了400余万元，而这支出完全是先前预算之外的。一旦装修不能按时完成，无疑会影响美食大厦的开业时间，仅每月员工工资就数十万元，这也是先前预算之外的。

陈川东接手群鹰大厦后，其隐藏的其他问题也就显现出来了。群鹰商场原先的一位投资者在经营商场期间，拖欠了供货商大量货款。当陈川东承租了群鹰大厦后，供货商便找他索要货款。当陈川东拒绝了供货商的要求后，有些供货商就向法院提起诉讼要求支付货款，法院依法查封了群鹰商场。到法院启封群鹰商场时，又过了好几个月。陈川东又不得不多花一笔额外的支出。

最糟糕的是，先前承诺贷款的银行也改口了，答应租赁设备的合作者表示自己已经转行，没法提供设备了。

此刻的陈川东已是进退两难，不得不大量挪用各地陈川粤大酒楼和陈川粤饮料厂的利润资金来填补陈川粤美食大厦的资金短缺，如此大量抽资就使得各地陈川粤大酒楼和饮料厂的流动资金链几乎断裂，这就严重影响各地陈川粤大酒楼和饮料厂的正常经营和生产。

当然，陈川东这样拆东墙补西墙的做法使得陈川粤集团陷入了一个非常可怕的恶性循环。

按照陈川东当初的规划，群鹰商场地下一层改为一个星级大型停车场，第一层改为百货超市，第二层改为小吃城，第三层改为洋快餐厅，第四层改为大酒楼。

在非常艰难的情况下，陈川东费了九牛二虎之力才装修好群鹰商场的第一层和第二层，百货超市和中华名小吃正式开业。但是与群鹰商场一街之隔的重庆百货和新世纪百货把群鹰商场的百货超市当作最大的竞争对手，便警告供货商，谁要是向陈川粤供货，就将其从重庆百货和新世纪百货清理出场。这就让陈川粤百货超市出现了无货可卖的境地。

在这样的情况下，陈川东不得不从重庆百货和新世纪百货采购。为了招揽顾客，陈川粤百货超市又采用比重庆百货和新世纪百货更低的价格促销。

而重庆百货和新世纪百货在陈川粤百货超市开业促销的时候，也降价促销，而且降幅更大。仅仅过了两个月，陈川粤百货超市就挺不住了，不得不出让给新世纪百货。尽管商场第二层的中华名小吃已经营业，但因为第三层正在装修，噪声、灰尘整日不断，许多顾客往往是乘兴而来、败兴而归，中华名小吃于是生意惨淡。

面对这样的局面，陈川东不得不加快第三层和第四层的装修进度。当然这样就要抽调更多的资金。

陈川东为了给即将开业的美食大厦制造更多的商业气氛，在报纸、电视上做了大量的广告，光广告费就花了100多万元。

最后只需200万元，第三层和第四层的装修就可以全部完工了。然而，就是这最后的200万元卡住了陈川东的脖子。他四处融资，几次上当受骗，将陈川粤的最后一口气也弄断了。当美食大厦让陈川粤陷入困境时，曾经风光无限的饮料也因为受其影响悲壮地倒下了。

在《家族企业长盛不衰的秘诀》的培训课中，有学员总是疑惑地问我说："周老师，陈川东的创业失败与不懂会计有什么关系吗？"

当然，这个关联是很大的，陈川东要采取稳健的财务战略，必须要懂财务。陈川东在投资过程中，起码要做出合理的投资预算。而他凭借自身的经验，就采取了激进的财务战略，结果使得陈川粤这艘航母搁浅。

全国工商联对 21 个城市的抽样调查表明，有 40% 的企业主看不懂财务报表，45% 的企业没有自己的科研人员，企业生产经营的信息主要靠买方和传媒提供。

从这数据不难看出，在中国目前的很多企业中，普遍存在的情况是企业主不懂财务，他们在投资过程中往往采取经验主义，就在无形中阻碍了企业的发展和壮大。

事实上，在中小企业中，企业主不是技术出身，就是营销出身，但很少是财务出身。因此，一些非财务出身的企业主如何看懂财务分析数据，更多地了解财务工作，就成为他们面临的新课题。

毋庸置疑，企业主只有看得懂财务分析报表，才能知道企业可支配的资金，特别是在制定财务激进战略时，可以依据财务分析报表来决策。因此，对于那些不懂财务的企业主而言，要规避盲目采取财务激进战略，最好能知道企业资金的具体流向，这就必须要在内部建立一个管控制度，依据扁平化管理来执行。

所以，史玉柱的创业经验是在历经诸多磨难后总结出来的。正如柳传志所言："他把所有的边界条件都按最好的方向去设想，稍微一个环节一垮就要出事。"

20 世纪 90 年代，中国改革开放进入关键期。沿海的广东和海南两省是改革开放的试验田，关乎改革成败。大量农民奔赴广东打工，官员下海经商，企业职工停薪留职去广东创业，广东的房地产也就开始急剧升温。很多企业都在想尽一切办法弄到土地，以便赶上这一波淘金热潮。而此刻的史玉柱却不费吹灰之力就得到了一块土地。

对于史玉柱来说，珠海市政府给予的这份"礼物"有点意外。当时，史玉柱的想法很简单，只是打算建造一座大楼为巨人公司办公所用。修建多少层楼，主要还要根据巨人公司办公的功能与面积逐层向上数。主要包括巨人公司的开发中心、行政中心、配套市场的物流场所、员工食堂、员工公寓，以及文体活动场所。

按照办公计算，大厦层数估计在十三四层。在讨论时，有人建议说，18在广东是一个非常吉利的数字，因此大厦应当建18层。而又有人反对18层，其理由是这与18层地狱近似，不吉利，于是建议将巨人大厦建为19层。

没过多久，巨人大厦的层高又被修改成38层。在这38层巨人大厦的招标书中，涵盖如下内容：容积率4.8，建筑密度20%，用地红线内绿化不少于30%，外墙建筑材料采用玻璃幕墙，除应设计出展厅、商场、软硬件开发和培训中心、电脑生产场地外，还要本着所有配套设计均在大楼内解决的原则，设计出公寓式办公室、职工娱乐中心、屋顶花园和旋转餐厅以及部分外销为主的写字楼层，投资预算控制在2亿元左右。尽管在这份招标书里包括了商场、写字楼等设计，可是大楼的主体还是为巨人自己所用。[1]

客观地讲，2亿元的投资对当时的巨人集团来说，还是可以承受的。当时，即将修建的38层巨人大厦，超过了珠海其他建筑而成为珠海最高的大厦。

---

① 常桦. 创业教父 [M]. 北京：中国华侨出版社，2010.

1992 年，广东省珠海市最高建筑是位于珠海市香洲区拱北的银都酒店。该酒店一共有 32 层。

1992 年 9 月初，《珠海特区报》刊发了一则广告，广告的内容是，即将修建的金山大厦要超过银都酒店 15 层，也就是要建造一座 47 层的金山大厦。

当此则广告刊发之后，原计划修建珠海市最高建筑的史玉柱放弃了 38 层的设计方案，打算将巨人大厦修建成 48 层。在史玉柱看来，巨人大厦才是珠海市最高的建筑。

1992 年下半年，巨人大厦的层高不断向上增加，从 38 层增加到了 54 层。然而，这还不是结果。

1994 年年初，史玉柱不满足只"为珠海争光"，打算修建中国第一高楼。将原定 54 层的巨人大厦又增加到了 64 层。

正当准备宣布把巨人大厦的层高定为 64 层时，史玉柱觉得 64 层的巨人大厦与中国的一些高楼没有拉开太大的距离。据他回忆说："话都到了嘴边，头脑一热，竟对外宣布，巨人大厦要做到 72 层。"

也许，史玉柱没有想到的是，要修建 72 层的巨人大厦，预算从 2 亿元一下子就陡增到 12 亿元，整整增加了 5 倍。但是，史玉柱当时只有 2 亿元。其实，当他宣布修建 38 层巨人大厦后，巨人大厦的楼层已经变成了一个数字游戏。

2 亿元资金对于需要 12 亿元的巨人大厦来说不过是杯水车薪，仅仅只够为巨人大厦打地基。

史玉柱曾经评估过，巨人大厦的巨大收益是客观存在的。尽管有政府的宏观调控，史玉柱还是想办法来完成巨人大厦的修建。于是，他将之前巨人汉卡、保健品等销售收入的绝大部分资金都注入巨人大厦的修建。史玉柱在很多场合坦言，这是他项目投资经历中"最发昏的举动"，甚至"直到它死的那一天，我都没觉得这个楼盖不起来"。

当所有资金都注入巨人大厦的修建中时，巨人集团的其他业务无疑会遭遇巨大影响，这就影响了巨人集团的正常运营。当巨人集团再也没有资金注入时，史玉柱已经向巨人大厦注入 2.5 亿元。

然而，史玉柱当年要修建中国第一高楼的梦想还是破灭了。而今的巨人大厦也不过是区区 3 层。

忠告 11：企业最怕在现金流上出问题，企业亏损不一定会破产，但现金流一断企业就会完蛋

在企业扩张过程中，适当的负债是可以良性地延续企业寿命的，然而，一旦现金流上出现问题，情况就严重了，因为，举不胜举的企业倒闭都是因为现金流断裂。

当年，史玉柱因为修建巨人大厦时资金链断裂导致失败，他曾反思说道："企业没有现金，就像人没有血液一样，没法生存，一个礼拜之内，'巨人'迅速地垮了，并欠下了两亿多元的债务，从休克到死亡，过程非常短。"

史玉柱在原计划扩张中，拟挪用其他项目的资金来填补修建巨人大

厦所需的资金。他甚至坦言："我可以用脑黄金的利润先将巨人大厦盖到 20 层，装修完，然后卖掉，接着再盖上面的。"

1995 年，巨人集团总共推出了 12 种保健产品，其投放广告费用为 1 亿元。在强大的广告攻势下，脑黄金取得了不错的业绩，其销售收入竟然取代了巨人汉卡，成为巨人集团新的高回报利润源。

脑黄金捷报频传，史玉柱被一片大好的形势所迷惑。于是，他大胆地向巨人大厦地下三层又注入了 1 亿多元。

到了 1996 年 5 月，史玉柱依然把巨人集团销售收入的大部分资金注入巨人大厦的建造。资料显示，史玉柱把各子公司上交的 2570 万元毛利留下 850 万元资金后，把其余的 1720 万元投入到巨人大厦的建造当中。

两个月后，巨人大厦的建造因为缺乏资金而告急。"福无双至，祸不单行"，为巨人集团带来巨大利润的脑黄金也随着保健品市场的普遍萎缩，其销量也急剧下滑，这就需要增加保健品业务正常运作的基本费用和广告费。但是绝大部分的资金都注入了巨人大厦的建造，保健品业务正常运作的基本费用和广告费不足，由此极大地影响巨人保健品业务的发展。

面对这种情况，骑虎难下的史玉柱不得不依旧决定，将巨人保健品的销售收入注入巨人大厦的建造中。当然，他这样做的目的，就是填补巨人大厦建造所缺的资金。

客观地讲，史玉柱的想法还是可行的。当时，脑黄金单品每年的利润就达到了 1 亿多元。但是，由于史玉柱过量地向保健品业务"抽血"，再加上管理不善，作为"现金牛"的脑黄金居然也卖不动了。虽然百般腾挪，史玉柱手中的资金最终还是枯竭了。

　　巨人大厦项目的失败，让史玉柱总结出了一句后来常让他挂在嘴边的话："企业最怕在现金流上出问题，企业亏损不一定会破产，但现金流一断企业就会完蛋。"后来他说："现在我不负债了，而且保持着大量的现金流。我们的现金储备已经超过网游行业公司的现金储备总和了，比如，网易、盛大、第九城市、完美时空等。"

第四部分

创业就怕老板架子大

公司就怕老板架子大，为什么大公司会有很多问题？为什么大公司没有创新力？为什么创新力都在小公司？其实有很多原因。其中，我觉得还是要看一把手是不是在干活，而且干的是不是最重要最关键的活。一把手全面领导没问题，但是也得干当时关键的工作，自己要亲自干，否则，这个一把手不称职。

——巨人创始人 史玉柱

忠告 12：创业者成功之后更要正确认识自己

由于工作的关系，我经常接触企业家，我发现一个很有意思的现象，那就是企业家们在自己成功之后，不能正确地认识自己。不管是决策，还是合作，总是一种唯我独尊的心态。这样的心态无疑会影响企业的发展，甚至可能给企业的发展带来危险。

为此，史玉柱告诫创业者："一个企业家，一个领路人和一个团队，最难认清的是自己，尤其是取得一定成绩之后，对自己是最认识不清楚的。"

史玉柱举例说："当巨人取得了成功之后，我的团队，主要是我，开始觉得自己本事挺大的，想做的事真的做成了，再做事我也能做成，把自己的能力过高估计了。第一阶段为什么会有聚焦？是因为自己觉得自己不行，觉得自己不行，你就会加倍地努力，就会不断出现聚焦。当在第二个阶段自己取得一定成功的时候，就觉得自己什么都能做，以为自己比别人强，这时候就开始要犯错误了，就认不清自己了。"

史玉柱的反省是有依据的，当脑黄金成功之后，他就急不可待地扩展业务。他回忆道："我们的队伍，包括我本人就彻底忘乎所以了。我们做第二个又是成功的，从那开始就一发而不可收，所以我就组织了

'三大战役'：保健品、药品和软件。在组织'三大战役'的同时，又拓展了新的领域，化妆品领域和服装领域，当时传销是合法的，还成立了一个传销部。"

史玉柱的过于自信，给巨人其后的倒下埋下了祸根。他坦言："因为我们这么忘乎所以，所以投了这么多项目，现在回过头来看，但凡懂点管理学，懂点企业运营，这样做只有一个结果：只有失败。因为你没有那么多人才，因为你没有聚焦，因为你的人力、财力、物力，各个方面都跟不上；因为一个项目要做成功，你的研发要做到一流，你的营销要做到一流，你的管理团队要做到一流，你的激励机制要跟上，你的财力要跟上。我们做了那么多，一个都跟不上，所以一个月，'三大战役'，第一个月我们投了 5000 万元的广告费打水漂了。"

20 世纪 90 年代，产品的营销推广都热衷于广告，这就是史玉柱为什么在广告上花费巨额资金的原因。据史玉柱介绍："第一个月 5000 万元广告费砸下去了，第二个月 3000 万元砸下去了，一个亿（元）就没了。这时我们管理还不到位，广告打出去了，产品还没生产出来，除了脑黄金已经在生产，其他的产品没生产出来，广告就在那打；后面广告一叫停，等产品出来了，没广告了。"

在这样的营销推广下，巨人很快就陷入了低谷。史玉柱反思道："我们上得很快，用了快三年时间爬到山上去，从悬崖上掉下来，一个月就掉下来了，虽然没摔死，一下就摔昏迷了，休克了，整个公司在1997 年 1 月份一下就'休克'了。这个根源出在哪？真正的原因就是我们取得一定成绩的时候不能正确地认识自己，不能正确地评估自己和自己团队以及公司的能力，狂妄自大。"

失败后的史玉柱决定暂停经营项目，总结经验。他说道："成功是一个包袱，俗话说，失败是成功之母，这个是正确的；失败之后，总结的教训往往是真实的，是有意义的，是会让人提高的。"

在创业的道路上，创业者不仅要仰望星空，还要脚踏实地。因为对于任何一个创业者而言，俯下身来，踏踏实实地做好企业的经营才是最重要的事情，这不仅能够积累经营管理经验，还能将初创企业做大做强。

或许有人会问，如今的史玉柱俨然是一位成功的企业家，为什么还如此低调和脚踏实地？不管是面对媒体的质疑，还是诸多创业者的提问，史玉柱都坦言："一个人的真正高度不是他现在达到的高度，而是他惨遭失败后反弹起来的高度。"

"吃一堑长一智，我现在感觉还是比较低调的，"在接受媒体记者采访时，史玉柱坦言，"身段放低点、脚踏实地的人，一定比那些把头仰得高高、自认为不得了的，更容易成功。"并且，他说："人的心态降低，更容易活得开心；如果把自己摆在较高的位置，会活得很累。"

史玉柱为此还比喻称："为什么乌龟活得比麻雀久？因为麻雀很好动，老是在空中飞；而乌龟很宅、老是不动，能活一千年。"

媒体报道也说："这位从安徽怀远走出来的青年，最后给自己的定位是低调回归。转了一圈，从草根青年到草根大叔，变的是岁月，不变的是史玉柱。"[①]

至此，史玉柱释然地说："现在，我又回归到原点。"他的回归是遭遇重大失败后悟出的道理——脚踏实地。

---

① 黄远．巨人史玉柱"遗产"：告诫青年创业者脚踏实地 [N]．第一财经日报，2013-04-12.

忠告 13：当发现你的一个项目不行了，如果下个阶段没得救，管你有多大损失，赶快把它砍了，当断要断

创业者在创业过程中，往往会同时投几个项目，其中总可能有项目不赢利，甚至是亏损。面对这样的问题，史玉柱告诫创业者："我失败过程中的一个感悟就是当断则断。"

为此，史玉柱举例说道："巨人大厦到处去找人想办法引资，所有的这些努力，我们差不多努力了 9 个月，1997 年 1 月到 9 月，一直在忙碌。我那时候整天到处飞，光美国就飞了两次，美国有人说投资，我跑过去了，一去发现是骗子。那时候，我们不敢面对现实，当时有二三十个项目，每个都想去保。如果刚开始我们只保一两个项目，有可能会保下来，如果每个项目都想保，最后一个都保不住。我们的每个项目，包括巨人大厦，一个都没保住。所以，当你发现你的一个项目，或者一个产品，发展趋势不行了，销售趋势不好，如果下个阶段没得救，不管有多大损失，赶快把它砍了，当断要断。"

史玉柱的教训给创业者的启示是，当创业者的某一个或者几个项目不行时，必须拿出壮士断腕的勇气来。下面，我们来看一个真实的案例，足以说明这个创业思维的可行性。

周作亮当年是湖北响当当、叱咤风云的人物。他曾获得过全国优秀农民企业家、"全国劳动模范"等各种荣誉。

　　1979 年夏天，39 岁的农民周作亮成了湖北省武汉红旗服装厂的一名学徒。

　　3 个月后，周作亮在幸福村的一间小库房里挂起了"幸福服装厂"的牌子。

　　第一年，7 个人 7 台缝纫机创下了 2 万元的产值，赢利 5000 元。

　　此后的 10 余年间，周作亮凭着他对服装的天赋和对服装市场的感悟，其能力得到了淋漓尽致的发挥。

　　比如，周作亮敢于举债从美国和日本引进了当时中国较为先进的 14 条服装生产线，其衬衫、西服两大主导产品开始打入国际市场。

　　1989 年，国际市场环境极度恶化，衬衫、西服等产品订单大幅度减少，但是周作亮凭借其对服装市场的敏锐感悟，先后在深圳、香港成立了永福制衣有限公司和永福贸易公司，当年就拿到了 8000 万元的外贸订单。

　　由于周作亮的处变不惊和把握时机，幸福服装厂在高速成长中。1991 年，周作亮将幸福村和幸福服装厂"村企合一"，成立了幸福集团公司，他出任集团董事长兼总经理。

　　1992 年至 1993 年，在周作亮的领导下，幸福集团公司较早地开始了股份制改造。当然，公司股份制改造激活了幸福集团。

　　如果周作亮一直发展服装业务，他手中的那把"金剪刀"含金量也许会越来越高。"村企合一"后，周作亮提出建设现代化的中国幸福村的目标，先后投资 3000 万元，打造了一片"渠成格、田成方、路成线、树成行"极宜观光的农田开发区，并建了200栋村民别墅。一个现代化的中国幸福村在江汉平原就此诞生了。不可否认，这些成绩，既得益于改革开放的机遇，也是周作亮勇气、胆识和能力的证明。

1993年，周作亮获得的各种荣誉如雪花般纷飞而至。当时，周作亮偶然获悉铝材畅销，经营铝材可以获取丰厚的利润。于是，他当即决定兴建铝材厂，仅用了8个月的时间，投资1.1亿元建成了日产10吨的铝材加工厂。

铝材加工厂建成后，周作亮从外采购所需的铝锭、铝棒。为了更好地与铝材加工厂配套，周作亮决定再建一个电解铝厂。但幸福村电力供应不足。

为了能解决电解铝厂的用电问题，周作亮不顾电力部门的强烈反对，在小火电已经列为限制发展项目的情况下，仍然坚持修建了3台5万千瓦小机组，年发电能力达到15亿千瓦时的火电站。

然而，让周作亮犯愁的是，电解铝厂自用电仅为6亿千瓦时，三台小机组中有两台就必然闲置。

毋庸置疑，修建了电厂，当然还得修建变电站与之匹配。于是修建变电站就成了必然的"周氏选择"。这样做不仅可以解决电解铝厂的用电问题，而且还可以解决剩余电力的对外输出和联网问题。然而，发电厂修建后，发电需要大量的煤炭，而幸福村的交通很不便利，既不通船又不通火车。

周作亮为了解决电厂发电的用煤问题，专门成立了一个运煤的庞大车队。然而，让周作亮没有想到的是，像幸福村这样简易的乡村公路根本无法通过载重60吨的重型卡车。为此，周作亮决定修一条长40千米，耗资7000万元的二级公路。

当发电产生灰粉无法处理时，周作亮计划兴办一个水泥厂，周作亮甚至提出要让汉江改道，把铁路修到张金村。

就这样，周作亮不顾多方反对，执意兴建电厂、铝厂、变电站等总投资15亿元的"三大工程"。尽管这"三大工程"在1997年中旬陆续建成投产，但投资巨大且回报期长，而当时，幸福集团的年产值仅有五六亿元。

周作亮为了弥补资金周转不足问题，不得不考虑其他的融资渠道，周作亮通过幸福集团控股组建的幸福城市信用社在潜江市本地高息揽储，还购买了位于武汉市汉正街市场约1000平方米的房产，并以此作为据点，在武汉吸收年期存款达9.4亿元，涉及储户7万多人，其承诺的最高年利率为20%。

然而，由于修建电厂、铝厂、变电站的投资巨大，而幸福城市信用社一直处于严重的流动性危机中，并最终酿成巨大的公众存款支付风险。

当时，周作亮的企业战略就是"逢山开道、遇河搭桥"，盲目的发展把幸福集团一步一步引向衰败的边缘，也不可逆转地把周作亮引上"大而全，小而全，缺啥补啥"的封闭式发展的不归之路。

从上述案例中不难看出，铝材厂打开了周作亮心底的魔盒，一系列的巨额投入导致幸福集团发生严重的"资金饥渴症"，并把旗下的幸福城市信用社逼进了死胡同。

可以说，周作亮在扩张时，毫无战略可言，其危机也在预料之中，这就必须引起中国企业的高度重视。因为在这个竞争激烈的时代，谁拥有科学正确的战略，谁就能拥有未来的市场。

忠告 14：创业就怕老板架子大

毛泽东在《改造我们的学习》一文中写道："自以为是，老子天下第一，'钦差大臣'满天飞。这就是我们队伍中若干同志的作风。这种作风，拿了律己，则害了自己；拿了救人，则害了别人；拿了指导革命，则害了革命。总之，这种反科学的、反马克思列宁主义的、主观主义的方法，是共产党的大敌，是工人阶级的大敌，是人民的大敌，是民族的大敌，是党性不纯的一种表现。大敌当前，我们有打倒它的必要。只有打倒了主观主义，马克思列宁主义的真理才会抬头，党性才会巩固，革命才会胜利。我们应当说，没有科学的态度，即没有马克思列宁主义的理论和实践统一的态度，就叫做没有党性，或叫做党性不完全。"

这样的问题同样出现在初创企业中，很多私营企业，绝大部分都是企业老板集权的公司，尽管有些企业在部门和人员架构方面都做得非常完善，但是实际上操控企业的决策者依然是老板。

不可否认的是，民营企业的体制和机制不健全常常遭受人们的诟病。在创业初期，正是因为体制机制不健全所带来的灵活性，许多民营企业得到高速发展，但发展到了一定规模，企业老板依然采用"管理＝集权"的管理方式，在他们看来，"我是企业的老板，一切都是我说了算"。

史玉柱第一次创业失败后，决心东山再起，进行第二次创业。此刻的史玉柱吸取了第一次创业的失败教训，放低了自己的架子。他说道："做脑白金时，我又回到第一次创业时的状态，我们这个失败，是太惨的失败。失败得轰轰烈烈，在半年之内，全国网上有两万篇针对我们的负面报道，其内容是有重复的。全中国人民一下都知道巨人了，巨人本来知名度够高了，当时反差特别大，媒体越猛炒，我们失败越惨。现在我出门老是戴墨镜，就是那个时候养成习惯了。"

在史玉柱看来，"就是因为惨，它带来一个好处，会深刻总结教训，所以自己又回到了创业初期的那种工作作风和工作状态。做脑白金的时候，我们没有钱，还有2.5亿元的负债，那时候的2.5亿元比现在的25亿元都值钱。真的是没有钱，在这种情况下怎么去创业？怎么能创业成功？我和我们留下来的骨干认真、反复地讨论、思考。"

为了避免老板架子大的问题，史玉柱果断改掉了自己身上的问题。究其原因，他回忆说："公司就怕老板架子大，为什么大公司会有很多问题？为什么大公司没有创新力？为什么创新力都在小公司？其实有很多原因。其中，我觉得还是要看一把手是不是在干活，而且干的是不是最重要最关键的活。一把手全面领导没问题，但是也得干当时关键的工作，自己要亲自干，否则，这个一把手不称职。"

在史玉柱看来，许多民营企业的一些高层和中层与外企最大的不同在于，除了要尽心操劳部门的日常事务，更重要的是要揣测老板的心思。

一些民营企业老板认为，只要企业高层和中层听从老板的指挥，那么他们的行为就不会有太多的偏差，否则，就被老板边缘化了。因为在这些企业，老板是最高集权者，企业是老板的一切，老板必然对企业高层和中层不完全放心，一切都是老板说了算。

中国大多数企业老板具有较浓的封建色彩的集权意识，"老子天下第一"的领导思维，即"我是老板，一切都是我说了算"。如果企业老板用这种领导思维来管理企业，不利于企业的长远发展，也违背了"领导就是服务"的人性化管理企业的科学规律。

在中国很多企业中，一些企业经营者往往以"我是老板"自居，甚至以"老子天下第一"的领导思维来经营企业，在实际的企业管理中更是如此。

这种领导思维在实际的管理中无疑损害了企业老板自身的影响力。因此，要想让企业基业永续，就必须做一个能够尊重员工、激励员工的领导者，必须谦虚、让人尊敬。

大量事实证明，"我是老板，一切都是我说了算"，这种"管理＝集权"的模式归根结底还是源于缺乏制度保障。

中国的私营企业在发展的初级阶段，不管是财务管理、人力资源管理，还是决策管理，都表现出企业内容单一的管理模式，具体表现在老板个人专权和家族控制的特色，80%以上的资产集中于老板身上，董事长兼总经理是普遍现象。企业的资金筹集、使用由老板说了算。权力集中的家族式的经营，使财务管理也高度集中。不少小型私营企业的财务管理活动仅限于财务控制，即财务部门通过控制财务收支和分析检查财务指标完成情况来监督企业本身的经营活动，降低产品成本，增加企业赢利，协助企业主实施财务监控。①

---

① MBA 智库百科 . 财务控制能力 [EB/OL].2016.http://wiki.mbalib.com/wiki/ 财务控制能力 .

虽然许多企业老板已经认识到企业进行制度化管理的重要性，但是许多企业制度却形同虚设，其制度管理仅保留在口头阶段。对此，史玉柱在公开场合告诫创业者，创业者必须要进行制度化管理，方法有8个，见表4-1。

表4-1 企业进行制度化管理的8个方法

（1）不能让企业制度凌驾于国家的法律法规之上	在制定制度时，企业老板必须依据国家的相关法律法规，从而制定符合自身实际的制度，决不能让制度凌驾于国家的法律法规之上。否则这些制度都将无效，反而会给企业惹上麻烦
（2）制定完善的公司规章制度	制定一套完善的公司规章制度，用来指导和制约其他制度的制定和管理，一旦其他制度与公司规章制度冲突，立即宣布其他制度无效
（3）明确各个制度的效力	在制定制度时，必须明确各个制度的效力。比如某一个制度的生效和废止时间；该制度对某一范围内的员工有效等
（4）制定相应的程序制度	在制定制度的同时，还必须制定相应的程序制度
（5）设置专门部门负责制度管理	在制定制度时，就必须设置专门部门负责企业制度管理工作。比如，在制定某一企业制度时，由专门负责人协调各个部门制度的制定；汇编企业的各种制度；发现新旧制度发生冲突，甚至矛盾时及时宣布废止旧制度，确保新制度的执行
（6）明确企业的制定制度和执行制度主体	在制定制度时，必须明确企业的制定制度和执行制度主体。这就明确了什么部门有权制定制度，制定企业的哪些制度，及其制度由何人来执行与监督
（7）管理层要重视企业的制度化建设和管理，并且要带头执行	如果没有企业老板和管理层的重视及带头执行，企业的制度化建设和管理也只是形同虚设。因此，这就要求，企业老板和管理层重视企业的制度化建设和管理，并带头执行，从而达到上行下效的效果
（8）制度制定完毕要进行培训	制度制定完毕后，必须对员工进行培训，从而让员工先"知法"。通常情况下，企业老板可以建立员工手册，手册中可以将企业的制度收编进去，这样也可以确保新进员工能很快适应企业，进入工作状态

只有完善的制度化建设和管理，才能彻底解决企业老板"我是老板，一切都是我说了算"的问题。

第五部分

公司在小的时候，尽量要股权集中

民营企业在开创初期不能分散股权，凡股权分散的企业，只要公司稍有起色，赚了第一笔钱后，公司发展就不稳定了，就开始闹分裂。很多企业垮掉，不是因为它长期不赚钱，而是因为它赚钱后，马上就垮掉了。

——巨人创始人 史玉柱

忠告 15：创业初期和中期一把手要亲自抓细节

不管是苹果创始人史蒂夫·乔布斯，还是微软创始人比尔·盖茨，他们在科技界的贡献功不可没，在创业初期和中期，他们两人始终都亲力亲为。其做法与史玉柱坚持的"创业初期和中期，一把手要亲自抓细节"不谋而合。史玉柱在公开场合说道："创业需要什么？它需要亲力亲为。我在麦肯锡公司与他们的 CEO 交流时发现，他管企业管得非常好，连欢迎我们而布置的桌子上面的花放在什么位置，都有讲究。我发现很多成功的企业在创业初期和中期，都是一把手亲自抓细节，这应该是至关重要的，甚至是必不可少的。"

史玉柱举例解释说："1989 年，我刚毕业创业的时候，那时候没有互联网，什么都不懂，不像现在 18 岁的人比我们那时候 28 岁见到的东西都多，但是我们为什么一炮就能打响呢？最关键的一点就是我亲自去抓最重要的细节。公司初创时才两个人，同是刚毕业的学生做我的副手。我自己研发软件，当时叫 M-6401，其实就是现在的一个 Word（文字处理器应用程序），但是功能没有现在这么强大，在当时还是挺不错的。软件研发出来后，我每天都会修改，要把这个软件改到极致，用起来很方便。然后我就尝试向很多机关单位推销，因为就机关单位有电脑，当时我就总结出一套能说服他们的理由，把理由提炼出来写成广告方案。"

在史玉柱看来，只有一把手亲自抓细节，才能更到位。他说道："因为每个细节都是我自己抓，抓得比较到位，就觉得我是会成功的，要有这种感觉，一定要把自己感动，认为自己这个工作做得太好了，这样才行。每个人都会过高估计自己的能力，当你自己觉得还可以，其实拿出去时还不行，只有当自己把工作做到自己都被感动了，这时候才可以。"

在《赢在中国》第二赛季晋级篇第三场中，作为大赛评委的史玉柱在点评其中一位选手时建议道："我的建议是，战略正确后该如何做。你看中国过去十年，一些企业失败了，不是因战略问题，而是细节上出了问题。你现在正面临着一个爬坡阶段，爬得好，能做得很大很强，爬不好，只能停在现有规模上。这一阶段，正是你注重细节的关键阶段。从研发、生产、营销到管理，方方面面都要注意细节。对一把手来说，你应该找出那些最关键的细节亲自去抓。过去我是这么做的，往往会成功。我一般只抓市场调研，其他的管得不多，我觉得这个细节非常重要。你也要找一个最重要的决定性细节亲自去抓。"

史玉柱如此告诫创业选手，是因为他当年亲自抓细节，才赚取第一桶资金。众所周知，1989 年，史玉柱毕业后就把创业项目选在自己熟悉的软件开发上。据他介绍，那时除了每天睡六七个小时的觉，他几乎所有精力都花在软件的完善上。"创业最基础、最核心的问题就是产品。"当极致的产品研发出来后，史玉柱亲自推销产品，亲自写广告方案，抓住关键细节，M–6401 软件因此一炮走红。

忠告16：民营企业，创业初期，股权一定不能分散

在创业企业的诸多纷争中，很多企业创始人被赶出自己亲手创办的企业，往往不是因为能力不足，而是在创业初期，由于股权分散，内讧使得本来良性发展的初创企业分崩离析。

为了解决这个问题，史玉柱告诫创业者，创业型小公司最好是创始人一个人持股。在史玉柱看来，分散的股权往往导致企业因为创始人无法控制企业方向而陷入危机。究其原因，在中外创业者当中，很多创业者往往都是"哥们式合伙，仇人式散伙"。不信，我们来看一个真实的案例。

被称为照明行业"三剑客"的吴长江、胡永宏、杜刚都是山城重庆人，而且还是高中三年同窗，其中吴长江为班支书，胡永宏为班长。

1984年，对于吴长江、胡永宏、杜刚三人而言，无疑是幸运的一年。吴长江、胡永宏、杜刚三人以优异的成绩分别考入西北工业大学、四川大学、华南理工大学。在20世纪80年代的中国，上大学就意味着改变命运。

由于吴长江、胡永宏、杜刚三人上的大学各不相同，大学毕业后，吴长江、胡永宏、杜刚同学三人的工作地点自然就各异，吴长江被分配到陕西汉中航空公司，杜刚被分配到国有企业惠州德赛电子，胡永宏则被分配到了成都彩虹电器集团。

1992 年，邓小平南方谈话以后，中国创业更是迎来了"燎原之势"。不甘落后的吴长江看到越来越多的人加入到创业队伍中，心中更是踌躇满志。于是从陕西汉中航空公司辞职南下广东。不久，吴长江辗转加盟了位于广州番禺的一家名为雅耀电器的港资灯饰企业。

到了 1993 年年底，吴长江毅然从雅耀电器辞职，并筹划创业，创业项目就是照明行业。当然，吴长江没有把创业地点选择在番禺而是选择在惠州，他有自己的盘算。当时，他的高中同学杜刚已经升任为惠州德赛下面一家二级公司的副总经理了。吴长江前往惠州创业，起码有同学照应。

1994 年，杜刚邀请了三位德赛的老总，吴长江则邀请大学校友王戎伟，6 个创业伙伴每人出资 1.5 万元，总共募集了 9 万元创业资金，成立了惠州明辉电器公司，专做电子变压器的代工生产业务。

惠州明辉电器公司具体工作由吴长江和王戎伟负责，其他 4 个人只做股东。惠州明辉电器公司刚设立之时，其工厂就设在德赛厂区，由于德赛的三位老总是股东，公司最早用的厂房、货车都是免费的。

由于没有厂房投入和租金负担，公司创办当年就赢利 100 余万元，但因股东数量太多、分歧过大，一年之后的 1995 年，创业伙伴决定卖掉惠州明辉电器公司，每个创业伙伴分得十几万元。

惠州明辉电器公司卖给了给吴长江他们订单的港商，而港商又把吴长江返聘为该公司总经理，并且答应给予吴长江

15%的股份。

该港商则在香港成立贸易公司，把明辉电器的产品卖到海外。但是后来吴长江发现，香港老板承诺他的15%的股份几乎拿不到分红，因为公司的利润转到香港去了，内地这边的公司赚不到钱。几年之后，吴长江索性离开了公司。

1998年，吴长江决定做照明品牌。他找到了高中同学胡永宏，由于后者所在的成都彩虹电器集团从事的是小家电行业，而且胡永宏毕业十年来一直干着营销岗位。吴长江擅长的是工厂管理，做品牌光有工厂管理能力显然不够，所以胡永宏的市场营销经验就成为吴长江所急需的。①

1998年年底，吴长江出资45万元，而他的另外两位同学杜刚与胡永宏各出资27.5万元，以100万元的注册资本在惠州创办了雷士照明。

从雷士照明的股权结构来看，吴长江是第一大股东，持股占比45%，而相对两位同学杜刚与胡永宏的合计持股55%来说，吴长江又是小股东。

雷士照明正是在这种"有控制权但又被制约"的股权结构中，作为同窗的"三剑客"就这样合力把公司迅速做大。创办雷士照明的第一年，其销售额即达到3000万元，此后每年以近100%的速度增长。

随着业务的做大，从2002年开始，雷士照明的"事情正

---

① 东方财富网.雷士照明股权连环局[EB/OL]. 2017. http://hk.eastmoney.com/news/1535,201207132
21817086_2.html.

在起变化"，公司股东之间的心态也开始悄然转变，裂痕随即产生。

在雷士照明中，吴长江担任总经理，负责公司的全面运营。在对外合作中，吴长江代表雷士照明。所以，在合作者眼中，但凡提及雷士照明，一定会谈及吴长江，其他两位股东杜刚与胡永宏认为自己的功劳被忽略了。

于是，掌管销售的胡永宏开始越位干涉企业经营，原本只需要向总经理吴长江汇报的事情，胡永宏也以股东身份要求职业经理人向其汇报，并且单方面下达他的指示。胡永宏的举动就造成了一旦公司股东意见不一致时，职业经理人就无所适从。

随着局势的恶化，但凡公司开会，一方股东提出新的建议，另一方通常都表示反对，致使公司的会议常常无法正常继续进行下去。

不仅如此，杜刚与胡永宏认为，一旦这种情况持续下去，公司将无法持久经营，于是提出只要有收入就马上分红。

在日后的分红中，由于吴长江的股份相对于杜刚与胡永宏而言，个人股份较多一些，因而所分得的现金也较其他两位股东要多。这就使得杜刚与胡永宏心理进一步不平衡，他们要求分红也必须一致。

经过一番交涉，吴长江把自己的股份向杜刚与胡永宏分别转让 5.83%。于是吴长江、杜刚、胡永宏三人的股份形成 33.4%、33.3%、33.3% 的均衡状态，三位股东在公司的工资、分红也完全均等。

然而，尽管股东股份均等的问题解决了，但是吴长江、杜刚、胡永宏三位股东的关系却并未因此而改善。2005年，随着公司的销售渠道改革，吴长江、杜刚、胡永宏三位股东的矛盾全面爆发，杜刚与胡永宏激烈反对吴长江的改革方案。

吴长江当时采取了一个"以退为进"的策略，由于吴长江一直负责雷士照明的全面管理和经营，如果自己离开，杜刚与胡永宏是"玩不转"的。于是，吴长江向杜刚与胡永宏提出，他出让自己所有的股份给杜刚与胡永宏，分走8000万元现金并彻底离开公司。杜刚与胡永宏欣然同意，随即签署协议。

然而，让杜刚、胡永宏没有想到的是，吴长江离开雷士照明还不到一周时间，公司即遭遇雷士全体经销商的纷纷讨伐，雷士全体经销商要求吴长江重掌公司，杜刚与胡永宏被迫各拿8000万元彻底离开雷士照明。

在这"赌局"中，吴长江"以退为进"的策略最终赢得胜利，而且付出的成本低于预期。有媒体报道说，如果不是"以退为进"的策略，要想让杜刚与胡永宏顺利离开，吴长江付出的成本远不止1.6亿元资金。

事实上，尽管股东问题相对来说是妥善解决了，但是留给吴长江的雷士照明依然前途暗淡，在雷士账上，已经没有足够现金支付杜刚与胡永宏离开的股东款了。经过协商，他们最终达成一个折中方案，杜刚与胡永宏先各拿5000万元，剩余款项半年内付清。

在兑现了一个亿的股东款之后，雷士几乎变成空壳，接下来的资金问题才是吴长江真正的挑战。据他自己说，从

2005 年年底到 2006 年的下半年，他唯一做的事情就是"找钱"，其他的一概不管。①

研究发现，同学、好友合伙创业绝大多数都是"有善始无善终"的。当然，相对较好一点的结局就是分道扬镳，各自独立经营自己的公司。比如，南存辉和胡成中。相反，最糟糕的结局是兄弟反目成仇，公堂对簿，最终将创业企业推下山崖。比如，爱多创始人胡志标和陈天南。

客观地讲，创业企业股东之间的矛盾，向来是"公说公有理，婆说婆有理"。在上述这个案例中，吴长江与另两位股东之间，究竟孰是孰非、谁对谁错，至今依然是个谜团，我们所知道的很多媒体报道仅仅只是吴长江的一面之词。

在上述案例中，雷士照明被两位股东抽走了 1 亿元资金，公司面临资金链断裂而轰然倒地的风险。

尽管雷士照明的城池得以保住，但是吴长江却为此付出了 1.6 亿元的巨额代价。对此，吴长江在接受媒体采访时叹道："你身上背着黄金，掉进了水里，你要是不丢掉黄金，你的命就没有了。当时企业非常危险，我只有丢掉'黄金'，将企业牢牢抓在手里。"

为此，吴长江支付给杜刚与胡永宏总共 1.6 亿元的股权转让金。这笔资金数额巨大，且有时间限制。按照协议，吴长江必须在一个月内首先给杜刚与胡永宏每人支付 5000 万元总共 1 亿元的资金，而 6000 万元

---

① 苏龙飞. 雷士照明：资本猎手之间的博弈 [J]. 经理人，2010（12）.

的余款必须在半年内全部支付。

协议签订两天后，杜刚与胡永宏的律师又给吴长江送达一纸补充协议，一旦不能按期支付，则会拍卖其股份和品牌。

此刻的雷士照明命悬一线，很多观察家由此联想到曾经的爱多DVD（数字多功能光盘）。想当年，就是因为一场股权风波，爱多被股东抽走了 5000 万元，因资金链断裂而轰然倒地。而雷士照明所遭遇的，更为甚之，釜底抽薪的 1.6 亿元，使得雷士照明同样面临资金链断裂。事后证明，尽管当时吴长江赢得了胜利，同时也为自己日后深陷泥潭埋下了祸根。之后，在牢中的吴长江，被强制拍卖自己的股份。如果创业之初，吴长江一人独资，或者绝对控股，那么这样的事情可能会避免。

面对这个棘手的难题，史玉柱的解决方法就是，在公司小的时候，就一个人持股，即使在 2001 年，东山再起的史玉柱依然坚持这个原则。

对此，史玉柱表示，民营企业，在创业初期，股权一定不能分散。到一定规模之后，可以股权分散，尤其上市之后，股权更应该要分散。但是，在创业初期的时候，不能像 5 个哥们儿似的，每个人五分之一的股份，这种公司十有八九是要出事的。如果公司小，没赚钱，大家都很好，一旦赚钱了，内部就很容易分裂。

忠告 17：公司在小的时候，就一个人持股

2017 年年初，万科创始人王石被媒体披露最终还是退出了万科董事会，这意味着万科股权之争基本尘埃落定。王石的离开给创业者的启示是，在创业过程中，股权不能过于分散。为此，史玉柱告诫创业者："我从此不再搞股份制了。母公司一定是我个人所有，下面的公司我可以考虑控股。有些人的合作精神不佳，一旦有了股份，就有了和你斗的资本，这会造成公司结构的不稳定。"

在《对话》节目中，史玉柱非常肯定股权集中的重要性。他说道："民营企业在开创初期不能分散股权，凡股权分散的企业，只要公司稍有起色，赚了第一笔钱后，公司发展就不稳定了，就开始闹分裂。很多企业垮掉，不是因为它长期不赚钱，而是因为它赚钱后，马上就垮掉了。"

万通董事长冯仑对此表示赞同，他说道："企业第一阶段都是排座次，第二阶段是分经营，第三阶段是论荣辱，所以我同意史总的意见。一开始产权相对集中，有利于企业组织的稳定。"

在《赢在中国》第二赛季晋级篇第四场中，作为评委的史玉柱，高调地评价创业选手贾豫的一个人持股的做法，甚至有媒体宣称，史玉柱的点评更是击中创业者创业成功与否的要害。

史玉柱点评说道："你一个人持股，然后其他骨干没有股份，这一点我非常赞同。如果你团队的四个人分别持股四分之一，公司一旦取得成功，很容易在内部出问题。我很赞成你的方案，在公司小的时候，就

一个人持股，其他团队成员就是靠现金激励。"

忠告18：所有母公司必须自己一人独资

在互联网＋时代，一场因为互联网而改变的创业正在进行中，不可否认的是，互联网改变了传统的创业经营和管理，同时也改变了传统的融资和渠道拓展。为此，众筹创业就开始出现在诸多创业者的商业计划书中，甚至有一些培训机构误导创业者，任何一种模式的创业都可以众筹创业。这样的创业模式实际忽视了股权纠纷引发的内斗。

大量的事实证明，在成千上万的创业企业中，仅仅因为股权问题而分家的企业就举不胜举，其新闻也屡屡被曝光。也许像王文京、希望集团四兄弟、黄光裕等企业家在创业之初，谁都没有想过要分家，但是"道不同，不相与谋"，他们最后都还是因为有各自的理想和对公司的不同理解而分道扬镳。因此，在创业之初，各个创业人应该明确目标，统一各自的目标和发展方向。

在控制权问题上，史玉柱也遭遇过"逼宫"的窘况。1989年8月底9月初，史玉柱到深圳下海经商没有多长时间，经验不足。友人给史玉柱推荐了3名员工。然而，让史玉柱没有想到的是，到1989年10月，其中1名员工开始对自己的薪水收入不满足，于是对史玉柱说："我们每个人都应该有股份，大家应该将赚到的钱分掉。"

当时，资金缺乏的史玉柱当然不可能答应这名员工的要求。他还是力主把赚到的钱继续投放广告。经过慎重的考虑，史玉柱对那名提议要股权的员工说："股份的事情可以商量，但每人25%是不可能的。"

在史玉柱看来，给那名员工的股权绝对不能超过25%，给10%到15%的股权还是愿意的。他说："软件是我开发的，启动资金是我出的，我至少应该控股，可以给每人10%到15%。"

史玉柱做出让步，决定给予3名员工每人10%到15%的股权。然而，其中2名员工嫌股份太少，史玉柱不可能再让步，怒摔了两台电脑。最后这2名员工也没有拿到他们想要的股份和收益，只好灰溜溜地带走剩下的几台电脑和打印机。

经历过这场股权风波的史玉柱坚信，在其后的创业中，所有的母公司必须由他自己一个人独资。他说："我从此不再搞股份制了。母公司一定是我个人所有，下面的公司我可以考虑控股。"

史玉柱在《史玉柱自述创业历程》一文中回忆说：

"我觉得民营企业，在创业初期，股权一定不能分散。我那时候还没有明确股权，因为我们那时候还不是公司。到一定规模之后，公司股权可以分散，尤其上市之后，股权更应该分散。但是，在创业初期的时候，不能像5个哥儿们似的，每个人五分之一的股份，这种公司十有八九是要出事的。如果公司小，没赚钱，大家都很好，一旦赚钱了，内部就很容易分裂。"

史玉柱坦言："后来，我就给我的高管高薪水和奖金，就是给比他应该得到的股份分红还要多的钱。我认为，这个模式是正确的，从此以后，我的公司就再没发生过内斗。"

"现在创始人分家的案子真是太多了，很多都闹上了刑事庭。"北京市海淀区人民法院民庭的董法官很有感触。董法官身处的海淀区，正是中关村很多中小型创业企业集中的核心地带。"看了太多的朋友反目、哥们儿成仇的例子，其实当初如果能做到防患于未然，大家完全可以好聚好散。"

史玉柱意识到，在创业企业初期，一人独资能够使企业安全和快速地发展，同时也会遇到一个问题：股权过分集中，在企业稳定发展的阶段对企业发展有不利的影响。他说：

> "珠海巨人没有及早进行股份化，直接的损失是最优秀的人才流失。更严重的后果是，在决策时没人能制约我，以致形成家长制的绝对权威，导致我的一系列重大决策失误。

> "珠海巨人的决策机制难以适应企业的发展。巨人集团也设立董事会，但那是空的。我个人的股份占90%以上，具体数字自己也说不清，财务部门也算不清。其他几位老总都没有股份。因此在决策时，他们很少坚持自己的意见。由于他们没有股份，也无法干预我的决策。总裁办公会议虽然可以影响我的决策，但拍板的事基本由我来定。

> "现在想起来，制约我决策的机制是不存在的。这种高度集中的决策机制，在创业初期充分体现了决策的高效率，但当企业规模越来越大、个人的综合素质还不全面时，缺乏一种集体决策的机制，特别是干预一个人的错误决策之力，那么企业

的运行就相当危险。"①

在权衡利弊之后，史玉柱还是坚持所有母公司必须由自己一人独资。尽管股权集中有其弊端，但是他认为股权的过分分散，对企业的发展更有一些坏处。

对于新浪较为分散的股权，史玉柱发表了自己的看法："股权太分散了对企业长期发展不好。我觉得新浪现在需要一个大股东，就像张朝阳、丁磊那样，但它现在形成大股东太难了。那些很有钱的，比如说基金，进来对它帮助并不大，我觉得它需要一个灵魂人物，这个灵魂人物是个大股东。它现在盘太大了，做不到了。"

史玉柱进一步总结了股权在企业发展的各个阶段的作用。他说："企业初期，就是一个人决策。企业中等规模的时候，它就要靠一个小的集体来决策。企业再大了，就按上市公司的规则来做。最终一个企业真要做大，它必须要把这个公司社会化，就是上市，让社会成千上万的人持有它的股份。"

史玉柱在涉足网络游戏行业后，他给旗下开发和运营网游的征途公司近 20 名核心员工股份，以保证这些员工不会流失。这也是史玉柱第一次采用股份制的方式和他们合作，但母公司巨人公司仍是他独资的。巨人网络在上市之后，才使股份制发挥了它最大的作用。②

---

① 史玉柱 . 巨人的四大失误 [J]. 三联财经，2010（6）.
② 赵越 . 史玉柱商道真经 [M]. 北京：新世界出版社，2009.

第六部分

公司只有三个人可以谈战略

　　整天想着战略、讨论战略是最耗时间的，容易让团队眼高手低。制定好战略就往前走，只要战略的执行力够强，有一点偏差这个团队也能克服。我们的战略既然这么定了，在没有发现明显偏差的时候，以后就不讨论了，我们公司只有三个人可以谈战略，我、刘伟、纪学锋，其他人别谈战略。

——巨人创始人 史玉柱

忠告 19：花 3 个月时间严打拍马屁，违者罚款 500 元

　　很多大型企业往往存在严重的官僚体系，不仅影响上传下达的执行力度，还会滋养一大批善于溜须拍马的中高层管理干部。

　　这类管理干部让史玉柱深恶痛绝。在接受媒体采访时，史玉柱说道："我对爱拍马屁的人深恶痛绝。一个有本事、心理健康的人，不会去拍领导马屁；心术不正、想不劳而获的人，往往喜欢拍马屁。当年我做巨人大厦项目濒临破产，公司有难，第一批先走的人就是那些经常拍马屁的人。所以，我东山再起、做脑白金的时候，公司文化制度上有一个规定，如果下级当着上级的面说上级好话，当场罚款 500 元。因为拍马屁会把领导宠坏了。"

　　史玉柱这样的做法有其自身的合理性。他补充道："关于公司文化方面，我们为人处事要谦卑，谦卑是美德。谦卑主要指两个方面：一方面是对自己的评估要客观，不要过高；另一方面是对外界、对别人的评估要稍高点，俗话说'谦虚使人进步，骄傲使人落后'。这就是要严己宽人。"

　　2015 年 11 月 19 日，已经隐退 6 年的史玉柱再次放了一个大招，在巨人网络 11 周年的大会上一下子免除了 133 名企业干部，干部总数

从 160 名下降为 27 名。

一口气免除 133 名干部的原因，史玉柱宣称，就是坚决杜绝下属拍马屁。他在 2015 年 11 月 18 日的微博上宣布："今天是巨人网络 11 岁生日。11 岁，网络公司已不算年轻。退休 6 年的我，最近砍向巨人网络'三板斧'：一是免除 133 名干部，干部总数从 160 名降为 27 名，六层的官僚层级削为三层，权力下放；二是战略调整，手游为主，聚焦精品；三是文化改造，向陋习开刀，唤回创业激情。巨人千名研发人员年轻优秀，一定会有所作为。"

在史玉柱看来，权力下放、战略调整、文化改造，其目的还是为了杜绝拍马屁文化。其实，史玉柱的这一做法早已有所表露。2015 年 11 月 9 日，史玉柱在微博中透露："一个公司不是人越多越好，而是越少越好。我应邀去芬兰 SUPERCELL（超级细胞）公司参加座谈会，令我惊讶的是，这个年利润 12 亿美元的手游跨国公司，总共才 168 人。"

对此，巨人网络内部人士回应称，此次干部大调整并不是什么新的举措，早在 2015 年 8 月就已经被提出来。当时，史玉柱在巨人网络 2015 员工大会上进行演讲时就交了底："在我看来，未来公司会组成一个大平台，然后让很多小的团队在上面跑，谁跑赢谁就成功了。"

也许有人会关心，被免除的 133 名企业干部将作何安置呢？上述人士回应称，此次被免除的 133 名干部，并非是裁员，只是从管理岗转到技术岗，转向以制作和研发为中心。

忠告 20：公司只有三个人可以谈战略，其他人抓好执行

在中国，向来不缺乏优秀的战略制定者，但缺乏优秀的战略执行者。有多少看似非常强大的企业，一夜成名，叱咤风云三五年，却往往在遭遇到一两个似乎很小的、企业及时采取措施就完全可以控制的小麻烦后便如多米诺骨牌一样垮下去了，并且是一发不可收拾。比如三株、秦池、爱多等一批中国企业。

在企业经营中，谈战略的人过多，而真正地贯彻执行的人太少。关于这个问题，在接受媒体采访时，阿里巴巴创始人马云说道："我曾经认为，如果你能拿到 MBA（工商管理硕士），则意味着你一定是个很优秀的人才。但他们只会不停地跟你谈策略、谈计划。记得曾有个营销副总裁跟我说'这是下一年度营销的预算'。我一看，'天啊！要 1200万美元？我仅有 500 万美元。'他的回答却是：'我做的计划从不低于1000 万美元！'"[①]

马云的这番言论就说到了点子上，这也是为什么马云要说"哪一个员工跟我谈战略，我立马开除他"的原因。

尽管这样的观点过于激进，但却击中要害。这也得到史玉柱的认可。史玉柱在公开场合说道："我开玩笑说，我们研发人员在公司走路

---

① 马云．马云：不要迷信 MBA[N]．中国食品报·冷冻产业周刊，2010–04–05.

可以仰起头走，挺着胸走，为什么？因为你们是公司最核心的人，部队里面真正打仗的人的地位最高，在前线冒枪林弹雨的人的地位最高。权力、责任、利益，这三者是相匹配的。项目制作人是一个项目成败的关键，所以我们就要给制作人在项目内最大的权力，让他尽情发挥，如果制作人成功做出精品，公司会抬着花轿带你去游街，给你的利益回报远远超过你的想象，让你名利双收。而权力越大就意味着责任越大，利益越大责任也越大。如果项目失败了，制作人要负责，我们会严厉追责。"

在史玉柱看来，由于责任重大，并不是人人都可以谈战略的。他告诫创业者："整天想着战略、讨论战略是最耗时间的，容易让团队眼高手低。制定好战略就往前走，只要战略的执行力够强，有一点偏差这个团队也能克服。我们的战略既然这么定了，在没有发现明显偏差的时候，以后就不讨论了，我们公司只有三个人可以谈战略，我、刘伟、纪学锋，其他人别谈战略。"

在创业型公司中，作为创业者，必须懂得"多引进战术人才，少引进战略人才"。为此，史玉柱解释道："企业不需要很多制定战略的人，如果一个企业制定战略的人太多，就会整天在一起夸夸其谈。那么，制定战略的人是谁呢？就是公司董事长。他负责到处打听消息，开拓知识面，比如去读书培训，今天听听这个经济学家的建议，明天跟那个企业家去交流，然后身边再安排几个顾问或高层人员，进行培养。我曾经培养过很多战略人才，但后来都离开了。"

在史玉柱看来，"往往水平不高的人自封为战略家，因为那东西是看不见、摸不着的，没办法证实的。而战术问题是，你做得出来就是做得出，你做不出来就是不会做。"

当然，一旦某个战略民主决策后，全体人员必须要坚定地执行。史玉柱坦言："我觉得在公司内部，民主集中制很重要。早期我在公司的时候，往往没有民主，也没有集中，其实这样都不好。公司的决策一定要既有民主，又有集中。任何一个人都会犯错误，就算你是老板，是天才，你也会犯错误。我前面说，我过去自以为成熟的想法，70%都是错的，我作为一个企业的负责人，错误的东西是很多的，所以我只能和自己的企业内部骨干多交流，多征求他们的意见，决策权一定要民主。决策完了之后，只要不是方向性错误，就要坚定地执行。有时候登山有很多条路，有可能你选的这条路不是最近的，有可能远一点，但是如果你坚持走，就能到达；总好过那种你走了一条路，发现不是最近的，登了一半再下来。"

在互联网＋时代，管理扁平化已经成为大势所趋。对此，史玉柱坦言："在组织架构上，我们第一步要扁平化，过去管理级有六层，是一个典型的臃肿式管理架构。扁平化是要建立强大平台，诞生出更多新项目，然后在平台上进行发展。平台上所有的东西都是共享的，只要在这个平台上，每一个人做的事都可以放到平台上，其他人可以来研究和享用，大家彼此会有交叉的效应，以后让每一位研发人员可以更高效、在更短的时间去研发。我们精简各个研发项目人员是为了建设更加强大的平台，让更多优秀的项目冒出来。"

在史玉柱看来，一旦决策者制定了战略，其执行就成为首要问题。不过，在扁平化的管理体系中，员工也可以通过公司提供的高效渠道，传达自己的工作想法。

这样的做法有效地规避了员工因为整天想着战略而影响执行。史玉柱说道："企业文化对公司特别重要，企业成功因为它的文化，失败也因为它的文化。我观察阿里这么多年，认为阿里的成功就在于它独特的文化。马云主要抓两件事：战略和文化。我认为企业文化就要实用，我们提倡'说到做到''只认功劳''敢担责任''严己宽人'的实用型企业文化，希望团队'聚焦聚焦再聚焦'。作为一个部门领导，要把自己的精力聚焦到你所有工作中最核心、最关键的地方，深入进去、扎进去，在这一点上做到全中国人都没有办法跟你比，做到这样，那么你这个公司、你这个项目才能够成功。做脑白金时，我主抓广告，结果'今年过节不收礼，收礼只收脑白金'一炮而红；推广《征途》时，我主抓客户体验，挨个跟玩家聊天取经，优化了《征途》的客户体验，提升留存率。所以对于普通员工来说，无论是行政、财务还是客服，还是要把工作聚焦到核心，善于抓住业务的命门。"

忠告 21：超过 30 岁的人不具备创新能力，大胆起用年轻人

对于任何一个初创企业来说，不管是稳健地生存与发展，还是在与跨国公司正面竞争中脱颖而出，骨干员工都是克服重重困难、走向辉煌的关键所在。

毫不夸张地说，骨干员工是提高企业核心竞争力，实现其基业长青和永续发展的基石。因此，一些创业者开始意识到，大胆起用年轻骨干

员工对于企业的生存与发展非常重要，也在尝试用各种各样的方法来留住年轻骨干员工。

要想留住年轻骨干员工，企业老板就必须从源头上抓起，即从骨干员工的招聘环节抓起。在骨干员工管理中，其四大基本职能是"选人、用人、育人、留人"。在这四大职能中，骨干员工招聘和选拔就排在首位，直接关乎企业引进骨干员工的数量和质量。一旦引进的骨干员工质量较高，无疑会促进企业的健康、快速、高效发展，能更好地实现企业的战略与发展目标。相反，若引进的骨干员工的质量较低，或不符合企业要求，则会阻碍企业的生存与发展。

企业在需要用人时却找不到适合的人选，这对企业的正常发展极为不利。因此，骨干员工的招聘和选拔在人力资源管理中越来越重要，也直接影响一个企业的兴衰成败。

与国外企业不同的是，中国民营企业的人才招聘研究工作才刚刚开始发展，民营企业在招聘过程中还存在着这样或那样的问题，如何提高民营企业招聘工作的有效性，如何选择适合的招聘模式，成为摆在民营企业面前的一道难题。[①] 因此，企业要大胆起用年轻骨干员工，只有这样，企业才能健康发展下去。因为年轻的骨干员工极具创新能力。

为此，史玉柱毫不客气地说道："从常识上讲，一个人超过30岁，就不具备创新能力了，包括我自己也是。但是为什么我们还可以赖在这个岗位上，还没有被淘汰呢？虽然我们本身已不具备创新能力，但我们还具有识别年轻人的创新想法、组织资源去实施创新的能力。我

---

① 孟宪辉. 民营企业招聘人才模式研究 [D]. 中国海洋大学，2009.

一直强调，未来是年轻人的天下。虽然目前公司进行结构调整，但对于研发人才，我们一个都舍不得失去。因为公司只有大胆启用年轻人，才能保持它更强大的生命力。不要怕年轻，不要怕他犯错误，犯错误才能成长。"

在史玉柱看来，对于任何一个行业来说，骨干人才都是奇缺的。"都说游戏行业不缺人才，为什么我们行业这么缺精品游戏？问题就出在一个短板上——策划。套用木桶理论，一个项目如果程序有 80 厘米，美术有 60 厘米，而策划只有 10 厘米高的话，木桶只能装 10 厘米深的水。策划水平不足有行业背景，我们有上百所大学培养程序人才、培养美术人才，但没有任何一所大学培养专业的游戏策划。我们要想办法提高公司整体的策划水平。我们可以请国外专业的教授讲课，也可以邀请国内优秀策划给我们分享经验。在公司内部，我还要求各个项目的策划必须要定期进行交流，并且形成一种制度，全力提高我们的策划水平。"

史玉柱的人才理论与任正非的"歪瓜裂枣"理论有些类似。在华为内部，任正非一直都在倡导允许异见。比如，余承东自从 2010 年出任华为消费者 BG（业务集团）CEO 后，其行事较为高调，又出言不逊，惹得内外风波不断。

当时，华为手机几乎全线失败，而风头正盛的小米把华为手机挤压得喘不过气来，这让余承东压力极大。为此，余承东坦言："我的痛苦来自反对声，很多不同的异议，很多噪音，压力非常大。"

事实上，在华为内部，余承东曾一度被"禁言"，甚至差点被"下课"。面对消费者 BG 以及余承东的种种非议，任正非却表现出极强的宽容度。他在华为内部说道："允许异见，就是战略储备！我对自己的批判远比我自己的决定要多。"

其话外之意就是：你们一边自我批判去，不要老盯着别人的不足，更不要来逼我开掉余承东。任正非的决策显然是正确的，余承东最终成就了华为的终端业务。

可以肯定地说，如果当初没有任正非力排众议的支持和包容，除了余承东"下课"被贴上失败者标签之外，华为手机业务恐怕也仍然是雾霾笼罩。

如今的华为手机，可谓是斩获不小。2016年4月15日，华为P9中国上市发布会上，华为消费者业务CEO余承东介绍说，华为消费者业务2016年全球第1季度销售收入同比增长61%，智能手机销售收入同比增长63%，发货量同比增长44%，智能手机发货量同比增长62%。

这样的喜人业绩当然离不开任正非的"允许异见"与"管理灰度"。2015年，全球智能手机出货量14.23亿部，华为手机全球出货量达到1.04亿部，占比9.4%。华为消费者BG销售收入约199亿美元，GFK（一家市场研究公司）数据显示，华为手机在中国市场份额超过15%，连续多月位居第一。

按照2016年第1季度成绩来预测，华为消费者业务继续保持高速增长，2016年实现300亿美元的销售目标似乎并不太难。在华为，类似的事情还有很多。

20世纪80年代，改革开放激活了中国通信市场需求的潜力，不断增长的通信市场，巨大的蛋糕吸引了中外通信企业，仅仅中国就诞生了400多家通信企业。

激烈的竞争无疑是"烽火骤起，狼烟遍地"。华为在早期，是代理香港的一家交换机设备，任正非深知其技术的重要性。当其他对手满足于通过代理这种方式获得丰厚的利润时，任正非果断转型，带领初创不久的华为公司转向交换机的自主研发。

当我们翻阅华为的创业历史时，C&C08（一种数字程控交换机）都是绕不过去的案例。事实上，C&C08 的成功研制，奠定了华为后来数年发展的基础。1993 年，C&C08 交换机首次推向市场，迅速成为华为在电信领域的一面旗帜。华为能够取得这样的业绩，与任正非的决断和知人善任分不开。

在华为的早期发展阶段，郑宝用和李一男是任正非非常器重的两个人才。他们两个加盟华为时，郑宝用是清华的在读博士，李一男是华中理工大学的研二学生。

尽管如此，任正非还是给予了郑宝用和李一男足够的信任，正如华为人所言，"不拘一格降人才"。

在这里，我们介绍一下郑宝用的工号就不难了解。在华为，任正非的工号是 0001，而郑宝用经过多年的努力，其华为工号为 0002。

而来自华中理工大学的高材生的李一男加盟华为后，两天即被提拔为工程师，两周后升为高级工程师。经过半年多的考核，李一男由于工作表现出色，被任命为华为最核心的中央研发部副总经理。

两年后，因为在 C&C08 机等项目上做出了突出的贡献，李一男被任命为华为中央研发部总裁、公司总工程师。那一年，李一男年仅 25 岁。

在后来，尽管与华为和任正非之间发生了诸多故事和牵绊，但回忆起当年，李一男不无感叹地说道："在华为有的是信任、挑战、机遇和分享胜利的喜悦。"这正是任正非给这家公司灌输的一种价值观——"胜则举杯相庆，败则拼死相救"。

第七部分

创业前必须做好失败的准备

不是为了成功，而是为了失败。竞争是残酷的，成功率也是极低的，这是创业的真实情况。因此，还没有出发，创业者就应该在思想上明确，自己随时都有可能失败，更应该知道，创业路上从来不会一帆风顺。

——巨人创始人 史玉柱

忠告 22：90% 的困难你现在想都没有想到，你都不知道那是困难

在创业之前，有些创业者过于看好创业未来的前景，以为只要把企业注册下来，不管是业务，还是初创企业的流动资金就能顺利地运转起来。

要是创业者这样想，那就大错特错了。如果创业者在创业前不把预计亏损的账算得充裕一点，往往容易陷入进退两难的境地。为此，史玉柱曾说道："90% 的困难你现在想都没有想到，你都不知道那是困难。"

究其原因，是因为在创业过程中，困难重重，史玉柱为此解释说："我曾经是一个著名的失败者，我害怕失败，我经不住失败，所以只能把不失败的准备工作做好。"

史玉柱的告诫是有道理的，在创业之前，创业者就必须做好足够的失败准备，那么其创业成功的概率就要高很多。

在史玉柱看来，创业前要有失败的准备，才能尽可能地避免创业失败，因为失败让人刻骨铭心。众所周知，从巨人汉卡到巨人大厦，从脑白金到黄金搭档，史玉柱是具有传奇色彩的创业者之一。

史玉柱曾告诫过创业者，在开始创业之前，创业者就应该理性地对

待创业，正确地评估创业存在的风险，切忌盲目乐观。对此，他告诫创业者：

　　"我认为企业运行到现在的规模，安全是第一位的，发展已不再是第一位的。

　　"首先，我的产品能够持续稳定地发展，公司不会哪天突然就不行了。

　　"其次，财务状况要安全，有足够的现金储备。战术上的储备包括现金、国库券，战略上的储备包括我们买的华夏银行、民生银行的法人股，赢利能力和套现能力都很强。

　　"在人才方面，要能稳得住公司的核心干部，不能让他们流失，有流失的话公司也可能不安全。

　　"我在财务上比较保守，举债控制在10%以内是绿灯，20%是黄灯，30%是红灯，红灯是绝对不能碰的。我们现在就差不多是15%。

　　"我们的纳税连续3年都超过了2亿元。我的基本态度是这样的：能争取国家的优惠政策，尽一切可能争取，但在这个基础上，我给财务的规定是不准偷漏一分钱的税款。这样至少会保证公司不出现大的问题。

　　"我不会乱投资，投错一个项目可能就是致命的，只会做一些战略储备、短线投资。中海集团在香港上市时我做了2亿多元的战略投资，上市第二天就亏损5000万元，当然现在是赚了。李嘉诚是投得最多的，我亏损5000万元的时候，香港报纸说李嘉诚亏了 2 亿元呢。眼下我是啥也不投了。"①

在史玉柱看来，无论投资哪一个项目，都要先假设这个项目会遭遇失败。对于创业者而言，史玉柱的经验是值得借鉴的。

在实际的投资中，史玉柱不管是投资哪个项目，都必须有投资该项目失败的打算。在他看来，投资任何一个项目，都必须充分考虑很多负面因素、消极因素。

实际上，负面因素考虑得越多、越细，其实还能提升项目投资的成功概率，当然也越有好处。相反，在创业之前，如果创业者想得越是浪漫，越是考虑这个创业项目可以帮助自己赚取多少利润，而不去考虑风险因素，或者负面因素，甚至连操作层面因素也不去考虑或者考虑得非常少，那么这样的创业，其失败率通常是非常高的。

在 1997 年之后，史玉柱坦言，不管是投资哪个项目都是先假设这个项目是失败的。比如：在网游项目立项时，他就会考虑，如果网游项目失败了，公司的财务状况能不能满足公司日常的运营。

一旦网游项目失败，哪些才是最有可能导致失败的因素？比如，第一，网游的产品不好；第二，团队核心员工可能流失……史玉柱将可能导致网游项目失败的因素罗列了十几个。然后，他再根据这些问题一一想办法解决。

当他这样做之后，实际上网络游戏这个项目的风险反而降低了不少。史玉柱如果只是看到盛大做游戏赚钱了、网易做游戏赚钱了，就仓

---

① 史玉柱 . 史玉柱和他的"脑白金""黄金搭档" [EB/OL].2016.http://finance.qq.com/a/20081212
/002864.html.

促决定上马，这样的决策往往欠考虑，最终导致失败就是难免的事情。

在《赢在中国》第二赛季晋级篇第五场中，创业选手冯志刚的参赛项目是殡仪服务连锁。

冯志刚是这样介绍参赛项目的：殡仪有特殊的地位，市场很大。目前我国每年新增的老龄人口是 800 万，今后 50 年，这个行业的总体发展趋势是非常强劲地往上走。目前这个行业都是以单一的服务满足所有人的需求，做不到人性化和个性化。这个行业在国外已经形成了很成熟的商业模式和品牌连锁，但在国内还没有出现消费者信赖的品牌。民政部已经明确地将殡仪服务的市场化作为主要工作任务，这为殡仪事业的发展带来了非常大的发展契机。

在这里，我们来看看史玉柱与创业选手冯志刚对话的现场回放：

史玉柱：我问几个问题。一个就是关于你准备建连锁，只是一个构思，还没有计划？

冯志刚：对。

史玉柱：如何做连锁，基本没有想法？

冯志刚：我有想法。

史玉柱：刚才你介绍那个，就是你建连锁的分店对你是没有依赖的，很容易脱离掉你。

冯志刚：我觉得不会。

史玉柱：那里很大部分是靠人。

冯志刚：我们在一个市场里，比如说投入 5 家店，就全部是我们的直营店。

史玉柱：给予什么支持，除了产品，产品是可替代的？

冯志刚：服务的规范化。

问完问题后，史玉柱做了如下点评："我觉得你目前的项目还只是一个商业计划阶段，还没有进入实施阶段，我觉得你参赛完了之后可能你的核心团队最迫切的一个工作，应该就是用自己的心血，用你们大家的心血去建成一家店，这时别考虑连锁问题。我觉得一家店不要着急考虑连锁，你就是怎么能把你们最早的这些思路，在做这家店的过程中充分地发挥出来，在做的过程中还要发现更多的需要你琢磨、需要你钻研的地方，更多的更新的目标提出来，你再去克服它，尤其还有很多障碍，我觉得你在做的过程中才会发现，今天你不会发现的。90% 的困难你现在想都没有想到，你都不知道那是困难。所以你们回去之后要准备脱一层皮，去把一家店做成功。"

忠告 23：做一个项目，负面因素考虑得越多，消极的因素考虑得越多，往往对这个项目越有好处

在一浪又一浪的创业大潮中，创业的激情只增不减。在"全球创业创新论坛"上，东方富海董事长陈玮说："我们正在经历人类历史上最

大的创业潮。"

数据显示，仅仅在 2015 年中国平均每天新登记注册的企业达到 1.16 万户，平均每分钟诞生 8 家公司。创业群体不仅有 70 后、80 后，更有许多 90 后、00 后。陈玮介绍说道："尤其是 90 后、00 后，可以说是天生的'创一代'，他们本就生于互联网时代，性格独立、勇于冒险、教育程度高，也更容易接受新事物。"

在陈玮看来，90 后、00 后是天生的"创一代"，新时代的创业门槛虽然很低，但是这并不意味着人人都能创业成功。创业的失败率很高，数据显示，中国创业企业的失败率为 80% 左右，企业平均寿命不足 3 年，而大学生创业失败率更高达 95%。在如此高失败率的背景下，经营任何项目都必须做好最坏的打算。史玉柱告诫创业者：

> "做任何的项目都要有失败的打算。做一个项目，负面因素考虑得越多，消极的因素考虑得越多，往往对这个项目越有好处。在投资之前，想得越浪漫，越是考虑这个项目我可以赚多少多少钱，风险因素考虑得少了，操作的层面因素考虑得少了，失败率往往也高了。

> "我现在做项目都是先假设这个项目是失败的，比如网游，假如我现在失败了，我首先要考虑财务状况，我能不能支持住？然后看如果要失败，有哪几点可能导致失败？比如，第一点，我的产品不好；第二点，我的人员有可能流失，等等。罗列了十几点，然后我再看这十几点，一一想办法解决。这么一轮下来以后，实际上这个项目的风险反而下降了，如果只是因为看盛大赚很多钱、网易赚很多钱，就仓促决定投资，往往

考虑得就不那么深入，最终导致失败。"①

正是史玉柱的慎重投资，才使得他东山再起，以至于取得如今的卓越成就。对此，史玉柱形象地用开车的速度比喻公司经营，为了公司的安全，他必须保持适当的速度。

史玉柱说："我觉得我'开车'还是很慢的，快和慢不能单纯看资产的增长。我以前打这个比方，实际上主要是从公司的负债率角度来看。一个公司要高速发展，负债率很高的话，发展速度太快就很容易出事。巨人网络一直在稳步发展，公司一直强调安全。再一个，很多公司规模没有我们大，但一下做很多项目；我们是做了第一个项目，做成功后，再考虑做第二个项目，一点点地往前推进。事实上，巨人业务的发展是强调精品战略的。我们控制'开车'的速度，但基础打好之后，实际的速度并不比别人慢，甚至反而更快。有些人总想开'快车'，但控制不好就会'撞车'。综合下来，我们愿意开得稳一点。"②

这样的告诫可谓是史玉柱的教训总结。想当年，风光无限的史玉柱在高歌猛进中倒下了，这个曾经背着2.5亿元巨债的"中国首负"就这样跌入了"十八层地狱"。

在经历过惨痛的失败之后，史玉柱黯然离开广东，"北上"隐姓埋名了。他在经历过一次失败后，在投资任何一个项目时，都会先假设这个项目是失败的。时隔10年之后的2007年8月，在上海桂林公馆，面

---

① 史玉柱. 史玉柱和他过去的十年 [J]. 互联网周刊，2006（12）.
② 史玉柱. 巨人网络美国上市 CEO 史玉柱答记者问实录 [EB/OL].2016.http://tech.sina.com.cn/i/2007-11-02/09541829195.shtml.

对媒体记者的旧事重提，史玉柱回忆事业最低谷时的感受："那时候就是穷，债主逼债，官司缠身，账号全被查封了。穷到什么地步？刚给高管配的手机全都收回变卖，整个公司里只有我一人有手机用，大家很长时间都没有领过一分钱工资。"

正是这样的教训使得史玉柱的危机意识明显地增强。他表示，现在无论企业发展形势有多好，每天都会提醒自己也许明天就会破产。

当然，这样的感悟毕竟不算来得太晚。在这里，虽然算不上新鲜，但是我们还是有必要介绍一下史玉柱 1997 年以前的经历，特别是第一次创业的经历。

1980 年，18 岁的史玉柱以安徽怀远县总分第一的成绩，不仅顺利地从怀远一中毕业，而且还以数学 119 分（满分 120 分）的成绩考入浙江大学数学系。

1984 年，毕业于浙江大学数学系的史玉柱被分配至安徽省统计局，负责各种数据的分析处理。

史玉柱当时只有 24 岁，但做出了出类拔萃的工作成绩。而正是他做出的业绩很快引起了有关领导的关注。

于是，上级领导把史玉柱作为领导干部来培养。没过多久，上级领导决定将他作为第三梯队送到深圳大学科学管理系进修研究生。史玉柱毕业之后就能评上处级。此刻，在仕途上，他面临的是一个远大前程的美好未来。

1989 年 1 月，毕业于深圳大学研究生院的史玉柱却做了一个令同事们吃惊的决定——下海创业。

当时，很多人在这个被称为"经济特区"的深圳书写着许多成功的创业故事。

在史玉柱看来，在中国，电脑软件开发将是一个商业价值巨大的蓝海市场。然而，史玉柱在登上飞机飞往深圳时，全部的家当也不过是东挪西借的 4000 元创业资本。

而这区区的 4000 元在当时的深圳而言，还不够一些大款喝一次茶的餐费。然而，正是这 4000 元创业资金，史玉柱书写了中国一个神话般的创业故事。

此刻的史玉柱，除了 4000 元的创业资金以外，还有就是他耗费 9 个月心血才开发出来的 M-6401 桌面排版印刷系统。

在 1989 年的那个夏天，已经下海创业的史玉柱自认为自己开发的 M-6401 桌面文字处理系统已经完善。由于受到当时深圳大学一位在科贸公司兼职的老师的器重，他得以 4000 元的价格承包一个电脑部。

该电脑部虽然名之为电脑部却没有一台电脑。当时，除了一张营业执照和 4000 元，史玉柱一无所有。而当时深圳最便宜的电脑一台也要 8500 元。为了能购买到电脑，史玉柱以 9500 元的价格，即以加价 1000 元为条件，赢得向电脑销售商推迟付款半个月的时间。他凭借赊账得到了平生第一台电脑。

为了推广产品，史玉柱用软件版权作抵押，在《计算机世界》上用先做广告后付款的方式，连续做了 3 期四分之一版的广告，推广预算共计 1.755 万元。

1989 年 8 月 2 日，史玉柱正是利用在《计算机世界》先打广告后收钱的时间差，用全部的 4000 元做了一个 8400 元的广告："M-6401，历史性的突破。"《计算机世界》给史玉柱的付款期限只有 15 天，可一直到广告见报后的第 12 天，史玉柱分文未进。

就在关键时刻，第 13 天出现了转机，即 1989 年 8 月 15 日，史玉柱收到 3 张邮局汇款单，共获得 1.582 万元。至 1989 年 9 月中旬，史玉柱用 4000 元的广告费换来突破 10 万元的销售额。

用第一笔利润付清欠账，他索性把剩下的销售款全部投在广告上。4 个月后，M-6401 销售额突破 100 万元。

这是史玉柱创业史的第一桶金。此后，他又陆续开发出 M-6402，4 个月后营业收入即超过 100 万元。

面对好评如潮的产品销量，当时的史玉柱，就萌生了创办公司的想法。他说："IBM（国际商业机器公司）是国际公认的蓝色巨人，我办的公司也要成为中国的 IBM，不如就用'巨人'这个词来命名公司。"

在 1991 年 4 月，史玉柱带着汉卡软件和 100 多名员工来到珠海，注册成立珠海巨人新技术公司（巨人集团的前身）。

史玉柱与珠海结缘却有一段故事。他介绍说：

　　"我们这时候有 100 多人了，也有上亿的资产了。这时候我们就想注册公司，那时候我们还没有公司，我们还在别人的一个电脑部，是一个贸易公司下面的电脑部。我们就到深圳工商局去注册，把我们所有的材料就递交了。

　　"工商局觉得，按照深圳市的规定，我本人——就是我公司的法人代表，必须出具我在'六四'期间的表现证明。我说我已经没有公职了，他要我到县团一级以上的人事部开证明。我说我已经没有人事部门了，'六四'期间我啥也没干，的确在研发产品。但他一定要我拿出证明。深圳政策规定，没有'六四'期间表现证明的，一律不给注册公司。于是我就磨，磨了半年我还是注册不了。

　　"这时候，珠海的科委不知道怎么就知道了这个消息，就找到了我说'你来我们珠海注册，我们珠海注册公司是不需要"六四"表现证明的'。这个也就这么简单，能有公司了，我们整个公司就搬往珠海了，实际也对珠海不了解，一到珠海，（就觉得）珠海真像个渔民村啊，一个城市总共才一个红绿灯。但是能注册公司，我们还是过去了。后来就在珠海发展，还比较顺利。"①

　　从史玉柱的介绍中可以了解到，1991年7月，巨人实施战略转移，总部由深圳迁往珠海，"珠海巨人新技术公司"迅速升格为"珠海巨人高科技集团公司"，注册资本为1.19亿元，下设8个分公司。这一年，M-6403桌面印刷系统共卖出2.8万套，赢利3500万元，为巨人发展打下了基础。②

　　1992年，38层的巨人大厦设计方案出台。此刻的巨人公司就像一枚刚发射的火箭直冲云霄，到了1993年7月，巨人集团公司共组建了38个全资子公司。其规模仅仅排在中国第二大民办高科技企业四通公司之后，拥有M-6405汉卡、中文笔记本电脑、中文手写电脑等几个核心产品。在这几个拳头产品中，光中文手写电脑和软件在1993年的销售额就达到3.6亿元。

　　1994年年初，计划3年完工的巨人大厦开始破土动工。这座最开

---

① 史玉柱. 史玉柱谈创业：王石在深圳靠倒卖录像机起家 不规范 [EB/OL].2017.http://finance.ifeng.com/business/renwu/20130525/8075155.shtml.
② 屈腾龙. 史玉柱：最成功的失败者 [J]. 商界，2007（10）.

始设计为18层的办公大厦，在地方领导的鼓励下被不断地加高。从18层加高到38层、54层、64层，最后加高到72层。

然而，正是这号称当时中国第一高楼让史玉柱走下神坛，18层的办公大厦，2亿元投资就能完成，而72层竟然需要12亿元。这笔巨额的资金，史玉柱在短期内是无法筹集的。

1995年，巨人发动"三大战役"，把12种保健品、10种药品、十几款软件一起推向市场，投放广告1个亿，宣布要做到100亿元销售额。史玉柱被《福布斯》列为内地富豪第8位。[①]

转眼到了1996年，由于巨人大厦的建设需要大量资金，史玉柱决定将保健品方面的全部资金注入巨人大厦的建设中，而保健品业务因资金"抽血"过量，再加上管理不善，迅速盛极而衰。巨人集团危机四伏。脑黄金的销售额达到过5.6亿元，但烂账有3亿多元。[②]

到了1997年年初，巨人大厦并没有按照原计划按期完工，各方债主纷纷上门讨债。而此刻巨人的现金流彻底崩裂，媒体地毯式报道巨人财务危机。不久，只完成了相当于3层楼高的首层大堂的巨人大厦停工。伴随着"巨人倒下"，史玉柱负债2.5亿元，不得不黯然离开广东。

---

① 屈腾龙. 史玉柱：最成功的失败者 [J]. 商界，2007（10）.
② 屈腾龙. 史玉柱：最成功的失败者 [J]. 商界，2007（10）.

忠告24：害怕失败，经不住失败，所以只能把不失败的准备工作做好

在创业过程中，由于创业的失败率很高，这无疑需要创业者坚强的毅力和能屈能伸的韧性。一旦拥有这样的品质，即使面临失败，也会在失败的泥潭里快速地爬起来。为此，史玉柱坦言："我曾经失败过，而且失败得轰轰烈烈，我觉得成功时总结的经验往往是扭曲的，但一个人失败的总结教训才是真的值钱，所以我觉得我还是有一些价值的，如果和他们交流，我更愿意谈我失败的过程和我的一些体会。"

在史玉柱看来，他的成功没有偶然因素，是他带领团队充分关注目标消费者的结果。史玉柱今天的成功和过去的失败有很大关系，过去的失败源自他管理和战略的失败，如今的他追求的是完美主义，这就减少了失败的概率。

事实证明，对于任何一个创业者而言，失败的经历往往能给创业者创造更大的成就。当然，这就要求创业者敢于直面失败、正确地面对失败，从而更好地创造更大的成就。就像巨人大厦"沦陷"后，史玉柱可以说是一个名副其实的中国商史上最著名的失败案例。

但是对于这个失败，史玉柱敢于直面失败，从来就没有避讳过。史玉柱失败后，也在反省问题。据他回忆说，他最爱看的一本书就是《太平天国》，他看这本书的目的就是为了研究太平天国为何失败。

面对失败，史玉柱没有回避，特别是在东山再起的二次创业的过程中，正确地对待失败，也经不住再失败，所以只能把不失败的准备工作

做好。甚至在巨人网络在纽交所成功上市之后，史玉柱回答记者的采访时坦言，这些成就也都归结于自己的失败经验。

史玉柱回忆起当初的失败经历，尽管有些苦涩，但是他却依然展现出乐观的、积极向上的心态。他表示，只要自己想想光明的前途，自然也就不会再想放弃了。

当记者问他是如何在失败中站起来时，史玉柱回答说："之所以能够站起来，靠的是压力，而非信念。"

正是凭借着这样的理念，史玉柱的"巨人"得以涅槃重生。对此，史玉柱在《赢在中国》栏目评点时强调："在西方人眼中，只要你是一个创业者，如果你失败过，就会学会东西。美国这些基金非常欣赏我以往的经历，他们觉得有失败经历，才敢给你投钱。"

当初的副手，如今已是巨人网络 CEO 的刘伟认为，史玉柱能重新站起来主要有三方面原因："特别勤奋、心无旁骛、坚持不懈。"

忠告 25：成功经验的总结多数是扭曲的，失败教训的总结才是正确的

在创业的过程中，创业失败是难免的。失败其实不可怕，可怕的是不自我反省。当东山再起的史玉柱回忆当初的失败时，毫不隐讳地说

道："我是一个著名的失败者。现在回过头来想想，我觉得我人生中最宝贵的财富就是那段永远也无法忘记的刻骨铭心的经历。段永基有句话说得特别好，他说成功经验的总结多数是扭曲的，失败教训的总结才是正确的。"

的确，从史玉柱的创业经历中，我们看到，正是在成功和理想驱动下的百折不回的创业精神和永无止境的探索与奋斗，使他从平庸中崛起，从失利与逆境中重新奋起。作为企业家的史玉柱，带给我们关于创业精神缔造财富神话的诸多思考。①

在史玉柱第一次创业中，其失败的罪魁祸首先要归咎于巨人的投资重大失误，其主要因素就是那座名噪一时、曾经号称中国第一高楼（楼高 72 层）、涉及资金 12 亿元的巨人大厦。

尽管过去了 10 多年，时至今日提到巨人大厦，仍然有人评论说，巨人大厦是史玉柱第一次创业中的一个重大投资失误。

在这些评论者看来，史玉柱根本没有 12 亿元的周转资金的实力来修建当时中国最高的大厦。

更让评论者瞠目结舌的是，巨人大厦从 1994 年 2 月动工到 1996 年 7 月，史玉柱竟然没有向银行申请过一分贷款，凭借自有资金及其销售楼花的资金支持巨人大厦的修建，竟将银行搁置一边。

而史玉柱的自有资金，就是曾经令巨人风光一时的生物工程和电脑软件产业。但谁都知道，以巨人在保健品和电脑软件方面的产业实力根本不足以支撑 72 层巨人大厦的建设，当史玉柱把保健品和电脑软件产

---

① 张映红 . 史玉柱：创业精神缔造财富神话 [N]. 证券日报 – 创业周刊，2007–10–26.

业的生产和广告促销的资金全部投入到大厦时，巨人大厦便抽干了巨人产业的血。①

　　1996 年 11 月，史玉柱在接受媒体采访时公开承认巨人在经营上出现失败，大胆提出了"重新创业"。他认为，自从 1995 年下半年开始，巨人这个企业的状况非常不好，已经进入了谷底。巨人进入健康产业之后，却交出了上亿元的学费。由于巨人内部组织涣散、管理不力、干部无责任心，部门之间相互推诿造成直接经济损失每月高达几百万元等问题，而一直倚重的保健品业务因为其自身问题经营困难，这就使得巨人集团的资金周转终于断裂。

　　到 1997 年年初，有人这样描写巨人说："跟随债主而来的是记者，跟随记者蜂拥而至的是更多的债主，在新闻媒体连续 40 天的轰炸后，史玉柱将自己封闭在帷幕低垂的总裁办公室内，仿佛陷于一座孤岛。他在此到达了事业的顶峰，又从那里跌下来。他尝到了极度的辉煌，这才发现自己是如此的孤独。"1998 年 1 月，巨人集团资产债务呈冷冻状，情况是 2.5 亿元负债，资产 2.2 亿元，其中包括 1.7 亿的巨人大厦和 5000 多万的巨人办公楼。②

　　然而，这个曾经写就 IT 企业神话般传奇故事的青年，并没有放弃创业的初衷，仍在顽强地拼搏。巨人垮了以后，他离开了珠海，几乎跑遍了全国各地，四处考察，最后一站是青藏高原，还去爬了珠穆朗玛峰。面对如此的惨败，他从来没有打算退隐，发誓一定要

---

① 中国经营报．史玉柱：失败是金 [N]．中国经营报，2002－01－14．
② 童辰，许小飞，何江涛．史玉柱自述：巨人是怎样站起来的 [N]．中国经济时报，2001－02－17．

东山再起。[①]

　　东山再起的史玉柱成功后，在接受媒体采访时强调："作为我们曾经失败过，至少有过失败经历的人，应该经常从里面学点东西。人在成功的时候是学不到东西的，人在顺境的时候、在成功的时候，沉不下心来，总结的东西自然是很虚的。只有失败的时候，总结的教训才是深刻的，才是真的。"

　　而新华社发表评论文章称："失败有两种，一种是事业失败，一种是精神上的失败。很多企业在事业失败以后，精神上也败了。但巨人在事业上失败后，精神不败，所以可以站起来。"

　　当媒体问及如何评价自己的失败时，史玉柱是这样回答媒体的问题的："失败教训的总结才是正确的。"

　　民生银行自 2012 年 9 月份开启的新一轮上涨令股东赚得盆满钵满，时任巨人集团董事长兼 CEO 的史玉柱通过此前"扫货"民生银行浮盈近 30 亿元。

　　史玉柱回答媒体的质疑时说："人在顺利的时候、成功的时候就是胜不骄；在失败的时候就不要轻易服输。你有个不服输的这股劲头，再难的关都能过。所以我建议创业者在这个时候能坚强一点，没有过不去的坎，当然也不是靠睡大头觉睡过去的。"

　　史玉柱坦言："其实某种程度上，人遇到波折是好事。人在成功的时候、在顺利的时候，其实是学不到啥东西的。只有在那些失败的时候，总结的教训往往是深刻的，确实是受用的。"

---

① 童辰，许小飞，何江涛.史玉柱自述：巨人是怎样站起来的 [N].中国经济时报，2001-02-17.

史玉柱告诫创业者："对过去成功的经验再好好总结总结，尤其是对失败的教训，下半夜夜深人静的时候你仔细想一想。反正睡觉也想，想一想实际上对你有很大收获，比你看书更有用。因为有的书离你远，还是看自己过去写的东西。"

2011年8月6日，在优米网举办的"史玉柱时间拍卖发布会"上，史玉柱表示，自己的创业历程中，失败的故事远比成功的故事有价值，因为对他人可以起到警醒的作用。他认为，从这个角度来看，他的失败教训具有一定价值，也是他最值钱的卖点。

同时，史玉柱还就记者提出的投资理念、营销模式等问题进行了回答。他建议，对于没有把握的事，投资者尽量"不要投"，即便投资了，也要"少投"。谈及企业营销时，他指出，关键在于要生产出"好而负责"的产品，这也是企业做大并能持续发展的基础。

忠告 26：成功的时候作的报告大部分是虚的，只有失败的教训才是深刻的，才有含金量

2013年的4月，一个重磅炸弹一样的信息被媒体传开，作为商界领袖人物的史玉柱向外界宣布自己"金盆洗手"彻底退休，把巨人的舞台让给年轻的领导者。当史玉柱告别企业经营的江湖后，他的主营

业务就是玩，其副业才是搞些公益，尽显"无事一身轻"。当然，这也意味着在企业竞争的刀光剑影中，又隐退了一位颇具个性和传奇色彩的大佬。

"哥"已退出江湖，可江湖还有"哥"的传说。回顾史玉柱的创业历程，从一无所有到亿万富翁，再从亿万富翁到一无所有，最后又从一无所有到亿万富翁，他是一个著名的东山再起者，创造了一个中国乃至全球经济史上绝无仅有的传奇。

客观地讲，史玉柱是一位传奇人物，在他的创业人生中，正是越挫越勇的精神，才使得他东山再起；越挫越勇，最终完成翻盘，迈入成功的殿堂。

在史玉柱的创业史中，很多媒体都习惯地分为两个部分——1997年之前的巨人集团与 1997 年之后的巨人。

在 1997 年之前的史玉柱，真是一个天不怕地不怕的徽商汉子，振臂一呼要把巨人做成"中国的 IBM"。

于是，过于乐观的史玉柱带领他的"火枪手"们在创业的大道上狂奔，而横冲直撞的后果就是惨败。

而当初豪言壮语要修建号称当时中国第一高楼的 72 层巨人大厦，最终却留下一栋荒草肆虐的烂尾楼，外加几亿元的巨额外债。

史玉柱这样的境遇成为中国众人皆知的一个饭后谈资。可以说，高歌猛进的史玉柱遭受到了人生的巨大打击。经受过一次失败打击的史玉柱，在公开场合告诫创业者，在创业前要有失败的准备。

我想，这样的经验是在教训基础之上炼成的。在 1997 年之后的 10 多年，史玉柱在二次创业中，总是如履薄冰，小心翼翼。

当脑白金前途无量时，史玉柱竟然卖掉了脑白金，转而投资银行股，进军网络游戏。在一片废墟和瓦砾上，转眼练就了超过 500 亿元的财富的又一个传奇。

可能好奇的读者会问，史玉柱为什么能在第二次创业中"惊天逆转"？这主要还是源于他的第一次创业的失败经历。

在之后的创业中，史玉柱都始终坚持自己制定的三项"铁律"，见表 7–1。

表 7–1　史玉柱制定的三项"铁律"

"铁律"一	必须时时刻刻保持危机意识，每时每刻提防公司明天会突然垮掉，随时防备最坏的结果
"铁律"二	不得盲目冒进、草率进行多元化经营
"铁律"三	让企业永远保持充沛的现金流

不可否认的是，史玉柱能"惊天逆转"，离不开这三个"铁律"的功劳。而今的史玉柱在投资时非常慎重。在《赢在中国》第二赛季晋级篇第七场中，作为评委的他告诫创业选手叶杰辉："成功的时候作的报告，大部分是虚的，只有失败的教训才是深刻的，才有含金量。"

叶杰辉是一家运动会所的营销总监，此次的参赛项目是："运动超市网络服务平台。运用互联网为项目经营者、消费者搭建起来互相交流和买卖的商业平台，让消费者更高效便捷地从中获得信息和服务。"

在这里，我们来回顾一下现场的简况：

史玉柱：你的学历是中专？

叶杰辉：也就初中生水平。

史玉柱：实际上你现在做的是一个网络。

叶杰辉：对。

史玉柱：你以前做过运动俱乐部，为什么不考虑在俱乐部的基础上扩充？

叶杰辉：通过网络，我可以方便地做增值服务。比如提供教练服务和专业对打，我把各方面的资源收集起来，供大家选择参考。根据我多年的经验，我觉得应该搭建这个平台。

史玉柱：如何收费？

叶杰辉：有几种方式，比如网上充值。

史玉柱：还没打就要给你钱？

叶杰辉：他选定好后，我就帮他联系解决，或者只要他卡里有足够金额就行。

史玉柱：你如何起作用？具体点。

叶杰辉：比如你是羽毛球教练，我会帮你找到需要培训的客户。对客户来说，他们拿同样的钱，在我这里享受的服务，要比其他俱乐部多得多。

史玉柱：你在资料中说，估计有20万消费者。你找到他们，难度不小。

叶杰辉：我的目标是4万。

史玉柱：你怎么打广告做营销？

叶杰辉：比如，我的营销团队会到羽毛球场、机场等公共场所，散发我的广告卡。

史玉柱：你创业这么长时间，成功的经验是什么？

叶杰辉：坚持。只要方向对了，哪怕时间长一点也会到达目的地。

史玉柱：方向错了呢？

叶杰辉：就调整修正，我会根据自己的评估或者是别人的意见，不断修正我的方向。

史玉柱：那失败的教训呢？

叶杰辉：教训很多。

史玉柱：说个最重要的，印象最深的。

叶杰辉：是卖公司的时候没有保住我对企业的控制权。

史玉柱：这应该成为你最成功的教训。

史玉柱：第二深刻的教训呢？

叶杰辉：没有坚持。

史玉柱：第三个？

叶杰辉：第三个就是没有发挥团队的力量。

史玉柱：下面这个问题有点复杂。假如你有两个团队，一个团队年终完成了目标，第二个团队没有。但第二个团队比第一个更辛苦，比如每天多工作7个小时，但还是没有完成目标。最后，年终奖金，第一个团队每人发了一万元，第二个团队你发不发？

叶杰辉：我想知道团队到底为什么没有完成目标。

史玉柱：你要问我怎么做，我会不发。但是给第一个团队发年终奖的当天，我会请第二个团队撮一顿，喝酒。我的观点是这样，功劳对一个公司才有贡献，苦劳对公司的贡献度是零。公司一般都会强调艰难困苦，一张纸两面用。可是有一天你发现你下面的一个女员工拎了一个价值一万块钱的包，你心里舒服还是不舒服，要找她谈话吗？

叶杰辉：问问看是不是有其他灰色收入？

主持人：你会管吗？

史玉柱：我也不管。

问完叶杰辉后，史玉柱点评道："我觉得，首先，你不要认为自己初中水平怎么样，初中水平跟博士后没啥区别，只要能干就行。我一直是这个观点，不在乎学历，只看能不能做出贡献。但是我提两点建议。第一，你的项目我觉得从目前的计划上看，感觉做不大，你还不如就在俱乐部基础上搞扩张，这比你搞网络可能更好一些，你想做网络也行，但一定要有完美的策划，要让投资人看着眼睛就发亮，可根据你目前的描述，若我是投资人，我不会投钱给你，甚至还有害怕、抵触的情绪。第二，你在商场上摸爬滚打了这么多年，肯定有很多成功经验，也有很多失败教训，你要好好总结一下，尤其是对失败的教训，下半夜夜深人静的时候你要仔细想一想，你得到的收获比你看书会更有用；根据你的谈话，我感觉你对过去的经验教训总结得不够深刻，可那些正是你的宝贵财富，你不去用非常可惜。在我最痛苦的时候，我几天几夜地思索。我曾经把全国分公司的经理召集到荒山脚下一个招待所里面，专门开针对我的闭门批判会。大家批判我，批了三天三夜，甚至有人骂了我，但对我非常有用。我印象最深刻的一句话是，'这么多年来，你从不关心我们这些员工'。回头想，我真的不关心员工。从他们的批判中学会了很多东西，而这些是成功的时候学不到的。成功的时候作的报告，大部分是虚的，只有失败的教训才是深刻的，才有含金量。我在1997年之前，挺风光，也经常给别

124

人作报告。现在回头一看，那些东西，第一是幼稚，第二是无意中在骗人，那些东西太虚了。人在顺境的时候，心浮气躁，总结的东西深刻不了。所以根据我个人的经历，我对你也提出这个建议，把你宝贵的经验财富总结好，使用好。"

忠告27：创业最需要的就是要具有永恒的创业激情，否则是不可能成功的

在创业过程中，创业的枯燥与单调，常常会影响创业者的意志，特别是初创企业面临重重危机时，很多创业者缺乏创业激情而中途放弃。这样的案例可以说是举不胜举。

面对这样的问题，史玉柱告诫创业者："你的激情能保持下去，你的项目就能成功。"在他看来，创业最需要的就是要具有永恒的创业激情。他说："钱不是万能的，最关键的还是看创业者是否具备激情以及良好的商业模式。"

在史玉柱的创业人生中，他一路上曾经风光无限，但是也遭遇"万劫不复"的失败；从当初白手起家的巨人汉卡，到红遍中国的脑白金，再到《征途》系列；从中国耀眼的创业明星，到负债烂尾的巨人大厦，再到12年后新建研发基地；从破解上市魔咒到绿色转型成功，再到功

成身退……

在一次次的历险中，史玉柱力挽狂澜。他作为一个实实在在的创业者，其创业经验和教训都有着非常深刻的感悟。

在一些公开场合下，史玉柱表示，创业开局往往都很艰难，要想创业成功，重要的是有充分准备。

在史玉柱看来，在当今社会，白手起家式的创业比10年前困难很多。在《赢在中国》第三赛季晋级篇第二场中，创业选手吴鹏的参赛项目是：建立中国最大的体育纪念品营销平台。其公司目前做的项目是国家金牌运动队和运动协会的专属纪念品和收藏品的连锁销售，其运营模式是从国家金牌运动队，比如乒乓球队、跳水队等，拿到独家授权，进行特许连锁专卖，类似于北京2008奥运会的特许产品连锁专卖。

在这里，我们来看看史玉柱与吴鹏的现场回放：

史玉柱：李宁公司很大，决策能力也很强，他们有没有计划做跟你同样的事？

吴鹏：在做这件事情之前，我跟李宁公司沟通过，他们认为李宁公司目前是上市公司，不会随意开发一个新项目。也就是说他们没有打算做这个事情。

史玉柱：你的店能开张吗？

吴鹏：我计划在2008年4月份，在北京开一家旗舰店。因为5月4日奥运会火炬传递开始，从那时起奥运真正地热起来。奥运会火炬将在全国的113个城市传递，我们也将借着这股东风，选择城市，把相应的店开起来。

史玉柱：如果开张那天，突然发现产品质量不合格，怎么办？这种可能性很大。

吴鹏：我会把这种可能性降到最低，因为工厂的生产质量是由我们监督负责的。

史玉柱：你怎么看待，一个作为 CEO 的男人取得一点小成功后哭了？

吴鹏：很抱歉。其实，我一直是一个开心快乐的人，很多朋友也这么认为。那天我为什么哭？主要原因是，为了拿到小组第一，我们团队付出了艰苦的努力，团队里一个队员出了车祸腿受伤，在比赛前 3 天，他还得了急性胰腺炎，医生不让吃东西，他 3 天没吃饭、没喝一口水，但他还盯着团队里的事，今天凌晨 4 点多又在医院拔了点滴，跟医生写了生死书，跑出来支持我。他的这种精神感动了我，我为有这个团队而感动、骄傲。

当问完吴鹏问题后，史玉柱做了如下点评："我提一个建议。看简历，你非常热爱体育运动，也非常热爱你的项目。我希望你能持续热爱这个项目 8 年、10 年，甚至 20 年。保持住激情就能成功。"

在史玉柱看来，要想创业成功，肯定离不开创业者的创业激情。他说："创业最需要的就是具有永恒的创业激情，否则是不可能成功的。只要具备了永恒的创业激情，你就会自始至终勤勤恳恳、兢兢业业地去不断努力，不断地去摒弃别人的冷嘲热讽而更加斗志昂扬、坚定必胜信念，不断地去学习有用的新东西，不断地去调查、分析、研究市场和项目，不断地去挖掘和寻找创业资源，包括资金、技术、市场团队等，不断地去克服一个又一个困难和解决经营过程中遇到的各种矛盾，不断总结失败的教训和成功的经验，不断地去扩充自己的实力和规模，你的账面上的银子也就肯定会不断地增加再增加了。你也肯定就会从失败的泥潭中站起来而走向成功，并从成功走向更大的成功！"

忠告 28：创业，核心问题是精神的东西，而物质上的东西是次要的

　　许多创业者在创业时总是豪情万丈，但是两三年后，就出现创业乏味的想法。可以肯定地说，创业需要持续的激情，没有激情的创业无疑是乏味的。史玉柱在公开场合说道："我在 26 岁的时候开始了自己的创业之路。从一无所有一路上摸爬滚打到今天，既有登上巅峰的辉煌，也有跌入深谷的痛苦。然而，在痛定思痛之后，我又建立了脑白金、黄金搭档、《征途》网络等著名品牌。很多人疑惑不解：史玉柱靠什么实现绝地重生？可以说，始终保持激情就是我重生的密码。"

　　在一些公开场合，史玉柱说："创业，我觉得核心问题是精神上的东西，而物质上的东西是次要的。"

　　大量事实证明，对于任何一个创业者而言，不仅需要具备永恒的创业激情，更需要把创业激情保持下去。这才是创业成功的关键因素。

　　在实际的创业中，有的创业者仅凭一时的冲动去创业，一旦遭遇困

难，比如，应收账款收不回来，产品销售不畅，等等，这些创业者往往就会放弃创业，其创业失败也就是难免的事情。因此，作为创业者，只有保持高昂的创业激情，当面对困难和挫折时，才能应对创业之中的困难和挫折。

创业是一项失败率极高的活动。在创业的道路上，失败是难免的事情。既然有成功就一定会有失败，作为一个曾经的失败者，史玉柱自然也知道这个道理。在他看来，失败并不都是坏事，失败让他学到了更多的东西，没有曾经的失败，就没有今天的成功。因此，在创业的道路上，任何一个创业者都无法保证自己百分之百创业成功而回避失败。有的创业者之所以创业成功，很大部分在于能够保持创业时的激情。

纵观古今中外的每一个创业大师，他们的创业道路都充满荆棘、坎坷不平，从来就没有一帆风顺的时候。

今日的任正非成为名副其实的企业家教父，然而，创业初期的任正非常常遭遇重重困难，军人出身的任正非深知精神的重要性，因此，任正非给创业者的启示是：在面对任何创业的困难时，要能持之以恒地坚持下去。这样，即使再艰难的创业道路，也能走下去。

就算如今功成身退的史玉柱也不例外。在创业过程中遭遇到种种困难和挫折是一件非常正常的事情，就如同人生病，或者企业纳税一样正常。

尽管困难和挫折难免，但是要顺利地成功创业，就必须具备永恒的创业激情、保持昂然的斗志、积极乐观的情绪、坚定的信念和顽强的意志。

在《赢在中国》栏目上，史玉柱点评创业者说："现在你很热爱你的项目，你的激情能保持下去，你的项目就能成功。对于一个部门来说，不能是一个人来倡导一种文化，如果在整个企业倡导一种激情的文化，是不可能利用个人的力量推动起来的。为此，如果要激活员工的激情就必须理解激情管理的内涵，因为激情可以将人们藏于内心的热情转化为动力，不断激发人们前行。所以，我们又将激情称之为'点燃理想的火种'，其推动作用巨大，让管理者不得不另眼相看。自然，关注它，重视它，研究它，便成为当代管理的新趋势。"

不可否认的是，只有创业者具备永恒的创业激情，保持创业激情，即使面临艰苦卓绝的创业征程，创业者也能百折不挠、不畏艰险，才能创业成功。

反观史玉柱的创业经历，在 1997 年，史玉柱经历了创业以来最黑暗的日子，不仅经历了大起大落，而且还成为中国"首负"。尽管处于低谷，但是他仍旧满怀激情，坚信自己能重整旗鼓。

在面临挫折时，史玉柱不仅没有退缩，相反还在想办法争取再创辉煌。当他二次创业成功后，媒体的目光再次聚焦在他身上。

的确，史玉柱创造了一个奇迹，而这个奇迹的背后，竟然是他的创业激情，这才让他有了一个咸鱼翻身的机会。

史玉柱说："创业前，很多困难都不会认为是困难，当遇到的问题突然成为困难时，很多人会承受不了压力，就放弃了，这样的人一定不会成功。"

第八部分

企业不赢利，
就是最大的不道德

作为企业经营者必须清楚，企业的首要职能是经营好企业本身，在不违法的情况下，解决好自我"造血"的问题，这才是生存的第一步。在能够生存之后，实现自身资产的增值、企业的持续发展仍是企业经营者的头等大事。

——巨人创始人 史玉柱

忠告 29：做一个企业，追求利润是第一位的，不赚钱就是在危害社会

在中国企业界，史玉柱可以称得上是一个创业奇才，不仅奇在他曾经是中国最著名的失败者之一，还奇在失败后完成了"大逆转"，重新回到了成功企业家和亿万富翁的行列。史玉柱坚守的巨人网络已经在美国纽交所上市了。

史玉柱的成功，与社会对他的要求有关，他甚至自视比陈天桥、丁磊的要求还要高。对此，史玉柱解释说道："因为我曾经是一个失败者。中国人骨子里是成者王、败者寇。"

为此，史玉柱更看重社会责任。当谈起"关于社会责任和商人逐利"这个话题时，他非常坦然地说道："我觉得做一个企业，追求利润是第一位的。你不赚钱就是在危害社会，对于这个，我深有体会。我的企业在 1996 年、1997 年亏钱，给社会造成了很大危害。当时除了银行没被我拉进来，其他的都被我拉进来了。我的损失转嫁给了老百姓，转嫁给了税务局。企业亏损会转嫁给社会，社会在填这个窟窿。所以，我觉得，企业不赢利就是在危害社会，就是最大的不道德。"

不能不承认，史玉柱说的都是实话。任何一个创业者，要想把初

创企业做强做大，首要的任务就是先提升企业的核心竞争力，在遵纪守法的前提下，解决企业自我"造血"的问题，这不仅是做强企业的第一步，也是保证企业生存与发展的第一步；只有在保证能够生存和发展的基础之上，才能实现自身资产的增值和企业的持续发展。

为此，史玉柱公开坦言："企业最大的目标是赢利，企业不赢利是最大的不道德。"在他看来，如果企业都不能赢利，一切社会责任就无从谈起。

在《家族企业长盛不衰的秘诀》培训课上，我问几个学员："企业的目标到底是什么？"

而这几个学员都理所当然地回答："企业的目标就是赢利。"

对于任何一个创业者而言，摆在其面前的头等大事就是赢利问题。如果没有持续不断的赢利来源，那么做强做大只是"南柯一梦"而已。

众所周知，当年巨人的轰然倒塌给社会造成了不小影响。对此，史玉柱在公开场合坦言："当年，巨人垮掉的时候，是社会、是员工、是投资者在承担企业失败的恶果。所以，我反思自己今后运营企业，一定要遵纪守法，一定要规范，在法律许可的范围内做大家认可的东西。"

史玉柱的观点得到了中粮集团董事长宁高宁的认可。宁高宁说："中国企业有社会责任，第一责任是把企业做好，只有在这个基础上，才可以去涉足其他责任。我希望中国企业真正发展是做好了自己的全球竞争以后，再谈更多的对多元化目标的社会责任。如果说你的企业自身没有做好的话，今天谈社会责任，实际上对企业、社会都不利。"

在坚持赢利是创业企业最大的目标的同时，作为创业者，也必须坚持企业的社会责任。只有处理好企业利润和社会责任之间的关系，创业企业才能真正地生存和发展下去。北京大学光华管理学院原院长、经济学教授张维迎就撰文谈过此问题。

张维迎说："一方面，在一个健全的市场制度下，企业追求利润、为客户创造价值以及承担社会责任之间，不仅不矛盾，而且是基本一致的。利润，是社会考核企业，或者说考核企业家是否真正尽到责任的最重要指标。没有这个指标，我们没有办法判断企业行为是损害还是帮助了社会。另一方面，在一个制度缺陷比较严重的社会中，利润可能不是考核企业行为的最佳指标。这时候我们应该想办法，使这个制度变得更好，使利润能够真正反映企业和企业家对社会的贡献，而不是抛开对社会制度的变革，用说教的方式解决这个矛盾。"

不管是史玉柱、宁高宁，还是张维迎，都在强调一个问题，那就是作为企业经营者必须清楚，企业的首要职能是经营好企业本身，在不违法的情况下，解决好自我"造血"的问题，这才是生存的第一步。在能够生存之后，实现自身资产的增值、企业的持续发展仍为他们的头等大事，我们不能以要求慈善机构的标准来要求企业如何"道德"。①

不可否认的是，企业一旦不赢利，要负担社会责任无疑是"水中月"。中国人的舆论，有时确实存在某种过于道德化的倾向。然而，史玉柱的聪明，在于他懂得中国人的心理并深谙国情，用"农村包围城市"和实用主义的广告攻势占领市场，而相应的，他依然受到这个环境的特殊的道德追问。他必须在生存、发展和道德形象方面掌握平衡。②

---

① 新浪网.史玉柱：企业不赢利不道德[EB/OL].2016.http://finance.sina.com.cn/leadership/mroll/20110818/153910339475.shtml.
② 新浪网.史玉柱：企业不赢利不道德[EB/OL].2016.http://finance.sina.com.cn/leadership/mroll/20110818/153910339475.shtml.

忠告 30：作为一个企业，对社会贡献最大的就是创造利润，纳税

对于任何一个企业而言，如果一直不赢利，就没有存在的必要。

可以肯定地说，企业赢利才是企业经营者最高的价值体现。当然，这里所说的企业赢利，必须是以企业的合法经营为前提。

如果一些企业经营者整天满脑子都是想着干宏伟大业，却忽略了企业赢利这个根本，这其实是一种本末倒置、舍本逐末的做法。

在中国企业界，有人因为偷税漏税被抓进监狱，也有人因为偷税逃税被处以重罚。格力电器董事长董明珠对此非常不屑。在几年前谈到销售额能否突破千亿元大关时，董明珠坦言，是否迈过千亿元大关，并不是格力电器发展的首位目标，一年能实现缴税 100 亿元才是格力电器最看重也是最有价值的追求。

从这句表态就能看出，格力电器一直把照章纳税、多纳税当作自己分内之事，当作一个合格企业应该承担的一份责任。

当然，要想纳税，前提就是赢利。曾经有机构对中国企业家做过一个"什么是体现企业社会责任的最好方式"的调查，参与该调查的企业家中，竟然有三分之一的企业家选择了同一个答案——既非公益慈善，也非安全生产，而是纳税。

众所周知，企业社会责任的这个概念，最早由西方发达国家提出，主要表现在如下几个方面：企业对股东及利益相关者的社会责任、对员工的社会责任、对环境的责任、对纳税的责任、对捐款的社会责任、对

自身健康发展的社会责任、对消费者的社会责任，等等。

不可否认，上述的社会责任，不仅要求企业必须越过把赚取利润作为唯一目标的传统经营理念，同时还强调，企业必须关注在经营过程中人的价值，即强调对消费者、对环境、对社会的贡献。在其社会责任中，最为重要一点就是依法照章纳税。

我们知道，税收是各国政府财政收入的主要来源，政府利用税收为国民提供公共产品。从这个角度来讲，企业在赢利的同时就应该承担纳税的义务和责任。基于此，一些企业经营者通过不合理的避税方式显示"亏损"，以达到少缴税款的目的，这就是典型的缺乏社会责任的表现。因此，作为创业者，依法纳税、主动承担企业社会责任，不是愿不愿意的问题，而是创业者应尽的义务。所以，作为一个合格的创业者，在享受公共资源的同时，必须考虑社会的整体利益和长远发展，自觉承担相应的社会责任，一旦割裂与社会的脐带关系，那么初创企业将因为偷税漏税而被重罚，创业者自然也一无所获。

针对这样的问题，史玉柱发表了自己的看法："利润肯定是要追求的，主要是当作一个事情来做。作为一个企业，对社会贡献最大的就是创造利润，纳税。企业亏损是要危害社会的，我的企业曾危害过社会，不能再危害，所以利润是很重要的。"

在史玉柱看来，自己曾经是中国最著名的失败者之一，因为计算机软件和保健品快速起家，却失败在巨人大厦项目和管理等问题上，一夜之间负债2.5亿元。如果巨人集团的每个项目都持续赢利，他也不至于成为中国"首负"。

然而，失败之后的史玉柱深刻反省。在第二次创业中，他毅然把赢利作为经营目标，从而实现从失败者向亿万富翁"大逆转"，重新回到了成功企业家和亿万富翁的行列。他的巨人网络公司已经在美国纽交所上市。此外，他还频频涉足投资领域，2011 年 6 月，有消息称史玉柱 4 个月斥资 26 亿元增持民生银行。截至 2011 年 7 月 10 日，史玉柱投资的新华联 2 年净赚 3.8 亿元。①

在史玉柱的创业历程中，尽管他功成身退，但是这样的成就必须是建立在企业赢利的基础之上的。当初因为建造巨人大厦而使得巨人集团资金链断裂，史玉柱的第一次创业宣告失败。

而东山再起的史玉柱之所以能够成功，是因为他坚持企业经营要建立在赢利的基础之上。他的观点值得创业者借鉴，只有企业获得了很大的利润，才可能践行社会责任。

对此，史玉柱说："我们的税收连续 3 年都超过了 2 亿元。我的基本态度是这样的：能争取国家的优惠政策，尽一切可能去争取。但在这个基础上，我给财务的规定是不准偷漏一分钱的税款。这样至少会保证公司不出现大的问题。"

正当史玉柱的企业稳步发展时，一些营销专家和教授多次点名批评"收礼只收脑白金"的广告。而后，史玉柱又进军网络游戏，于是营销专家和教授怀疑他的道德底线。

针对这个问题，史玉柱回答说："商业和道德能放在一起吗？商业是什么？商业的本质就是在法律法规许可的范围内获取最大利益，我是一个商人，做的事情就是在不危害社会的前提下为企业赚取更多利润。要一个商人又要赚钱又要宣扬道德，那不是商人，而是慈善家。企业的

---

① 新浪网 . 史玉柱：企业不赢利不道德 [EB/OL].2016.http://finance.sina.com.cn/leadership/mroll/20110818/153910339475.shtml.

目标是赢利，企业不赢利是最大的不道德。当年的巨人垮掉的时候，是社会、是员工、是投资者在承担企业失败的恶果。所以，我反思自己今后运营企业，一定要遵纪守法，一定要规范，在法律许可的范围内做大家认可的东西。"

史玉柱的观点是值得思考的，在遵纪守法的前提下，企业只有赢利，才能为社会做更多的贡献。要想使得企业更好地发展，追求利润就成为一个必须面对的问题。企业赢利后，就必须真正地为社会创造财富，促进生产力的发展。

忠告 31：只要目标明确，勇于付出、不怕困难，既定的目标就一定能够实现

在中国，绝大多数企业老板在制定目标时，或者在制定年度业绩目标时，通常的方法都是不按照实际情况，而是很随意地"拍着脑袋"想目标。

这样的目标制定主要是由于一些规模较小的民营企业老板"拍大脑袋"，而各级领导层层加码后"拍小脑袋"，各级部下"拍胸脯"。用这种"拍"的方法制定下年度目标，通常精明的老板考虑的问题有 3 个方面：一是爱面子，给同行看，给员工看，借以提升团队士气；二是给

团队加压力；三是作为克扣员工工资的伏笔。

在"拍"目标的情况下，基本没有什么讨价的余地，都是在一切大好形势下确定了基调，然后层层加码、层层分解，最后再与工资、奖金、晋升挂钩。采用这种方法制定业绩目标的企业往往是成长型的民营中小企业。

事实证明，如果企业老板制定的目标不合理，或者不切合实际，那么这样的企业老板永远也不可能将企业做成世界上最伟大的企业。因此，对于企业老板来说，能否制定切合实际的业绩目标，是企业老板评估自身领导能力的一个标准。

研究发现，善于制定切合实际的业绩目标，不仅体现了一个企业老板的管理水平，同时也是能够将企业做强做大的一个重要能力体现。企业老板在制定目标时，必须根据企业的实际情况出发，正确评估目标与企业自身的现实有多大的距离，只有这样才有可能实现自己制定的目标。

2007年5月24日，史玉柱在庆祝《征途》同时在线100万人的庆功宴上发表讲话。他讲道：

"经过在座各位一年的艰苦拼搏，才有《征途》100万人的奇迹！《征途》100万人的同时在线，使它成为全球第三款同时在线100万人的网络游戏。

"2006年6月，我曾经提出一年时间'保60万、争80万、望100万'。保60万人，在当时情况下，努力点还是能做到的；80万人已经是最高目标，要想实现很困难；根本没想到去做100万人，只能把它当成一个遥远的目标来观赏。

"《征途》一直在创造奇迹，68万人时已经是刷新了2D

武侠类游戏的历史纪录，现在的 100 万人非常有意义，来之不易。我们要有敢做第一的勇气和精神。事实告诉我们，只要目标明确，勇于付出，不怕困难，既定的目标就一定能够实现。

"同时在线突破 100 万人，提早实现了我们 2006 年 6 月份提出的'保 60 万、争 80 万、望 100 万'的目标，这是我们创造的一个奇迹。

"只要我们征途人保持着向上的精神、不服输的胆略，一定还能创造更多的奇迹。

"人气是互联网的关键因素，只要熬过来，就会有前途。"

人无远虑必有近忧，对于任何一个企业老板而言，这个道理同样适用。因此，要想使得企业生存和发展下去，那么作为企业老板，必须根据企业的实际状况制定合理的近期和长远的目标，使适合企业自身发展的文化理念和经营管理理念相一致。

然而，遗憾的是，一些中小企业老板在制定目标时，总是好高骛远，不是提出进入世界 500 强，就是提出 3 年做成"中国沃尔玛"……

在创业的道路上，曾经有许多创业者制定了一些宏伟的目标而无法完成，最终创业失败。

对于成千上万的创业者而言，错误且不切实际的所谓的宏伟目标有可能毁掉你苦心经营的一切，史玉柱就是其中的一个。众所周知，"巨人"的倒塌就是为宏伟目标所累。

在一次访谈中，史玉柱说："我后来发现宏伟的目标是很可怕的，必然会违背经济规律，会让自己浮躁，让企业'大跃进'。"

在史玉柱看来，只有制定符合企业实际的目标，才能保证企业的生存和发展。一旦制定的目标过于宏伟，甚至不切实际，那么必然会酿造一个巨大的悲剧。可以肯定地说，只有制定切合实际的目标，才能成就一个企业的未来。

在 1997 年史玉柱遭遇第一次失败以前，不切实际的宏伟目标时刻都是有的。当时，史玉柱非常热衷于宏伟收入目标的制定。他回忆说："对自己任何一个时间都定了一个目标，一个很宏伟的收入目标。"

史玉柱制定宏伟的收入目标的依据是："企业有几种：一是安定的；二是追求眼前利润的；三是追求长期利润的；四是既追求长期利润又追求社会效益和规模效应，这种企业是三者相互推动的，社会效益和经济效益存在着必然的联系。"

对于高歌猛进的史玉柱而言，自己期望的巨人集团，显然属于第四种企业。为了实现自己的愿景，史玉柱为巨人集团制定了一个非常宏伟的目标——"百亿计划"。

在这个"百亿计划"中，史玉柱的期望是，在 1996 年，巨人集团产值要达到 50 亿元；在 1997 年，巨人集团产值要完成 100 亿元。

在史玉柱看来，一年一大步，一年上一个新台阶的"百亿计划"可以让巨人成为"东方的 IBM"。据资料显示，在制定"百亿计划"之前，史玉柱制定的目标是，在 2000 年，巨人集团的企业资产超过 100 亿元。

在"百亿计划"制定之后的 1995 年，史玉柱为了配合这个宏伟而庞大的近似于神话般的"百亿计划"，特此启动了"三级火箭"，把巨人集团研发的 12 种保健品、10 种药品、十几款软件等产品一起推向市场，同时配合产品的推出，共投放了 1 亿元的广告。史玉柱提出，要在一个很短的时间里把企业迅速做大，超过首钢和宝钢。

资料显示，史玉柱启动的"三级火箭"，其实就是一个为了完成"百亿计划"而制定的实施步骤。"三级火箭"的详情，见表8-1。

表8-1 完成"百亿计划"的"三级火箭"

（1）"第一级火箭"	"第一级火箭"实际上就是巨人集团第一年的一个发展规划。在这个发展规划中，其具体实施方案是这样的：巨人集团主要以脑黄金进行市场导入和测试，同时培训和锻炼巨人的队伍。当然，史玉柱有自己的盘算，这取决于巨人集团的第一阶段的成功。事实上，作为初期成功转型的巨人集团已经证明了其在保健品行业的实力。完成"百亿计划"，仍然需要积累更多经验和扩大、培训和锻炼队伍。这样才能保证巨人的品牌影响力顺利地从电脑产品延伸到保健品上面来
（2）"第二级火箭"	在这个"三级火箭"中，第二年非常关键，因为这是"三级火箭"的第二级。这不仅关乎"百亿计划"的完成，而且还将影响着巨人集团未来的生存和发展。在史玉柱看来，"三级火箭"的第二级的目标是，在第二年，巨人集团将实施规模化的发展战略。在"三级火箭"的第二级阶段的主要任务是，双重扩大巨人集团的产品规模和市场营销规模。为了完成这一攻坚阶段的目标，史玉柱把速度作为巨人集团的重点。史玉柱要求，巨人集团的保健品产品规模尽可能做到像日化品巨头宝洁那样拥有大而全的事业部
（3）"第三级火箭"	"三级火箭"的第三级就是第三年的发展规划。在史玉柱的规划中，巨人集团的未来发展，首先是实现"没有工厂的实业，没有店铺的商业"，将第二级的计划进行体系上的规范和完善，整个体系性运作；其次是要进入连锁经营领域；最后是要进入资源领域

从表8-1可以看出，史玉柱希望凭借自己的"三级火箭"将巨人集团打造成一个类似世界500强、日化品巨头宝洁那样经营品牌的企业。巨人集团经营一系列产品，但这些产品并不是由巨人集团自己生产，而是由其他的企业做代工，即成为"没有工厂的实业，没有店铺的商业"集团，在渠道建设方面形成以传销和连锁两种方式为主导的网络。

在实际的运作中，史玉柱把原计划6年才可能完成的计划压缩到3年之内完成；在实施步骤上，把三步当成了两步走（把"第一级火箭"和"第二级火箭"一起实施，在1995年全面启动）。

遗憾的是，在"三级火箭"和巨人集团的现有资源上，史玉柱没有把握住均衡，目标与现实之间的差距实在是太远。过度地追求目标，以求快速地发展，在刚学会走的时候，就想要跑，其结果就只能是"跌倒"。[①]

可能读者会问，既然制定不切实际的宏伟目标是非常危险的，那么作为老板该如何制定一个符合企业实际情况的目标呢？对此，业内专家指出，企业老板在制定业绩目标时应考虑 3 个因素，见表 8-2。

表 8-2 制定业绩目标应考虑的 3 个因素

（1）严密分析和掌握团队自身现状	企业老板在制定业绩目标之前，尽可能分析整个企业自身的情况，这些情况包括：企业人员的自身素质、执行力、工作态度，等等
（2）制定的目标具有可执行性	企业老板在制定目标时，不能盲目地随意而定，必须依据企业的实际情况，要求制定的目标具有可执行性
（3）制定几套实现目标的有效方法	如果制定的目标没有方法实现，那么这样的目标毫无价值可言。因此，企业老板在制定目标时，应制定几套可以实现目标的有效方法

---

① 徐宪江. 富人不说，穷人不懂：50 位亿万富豪白手起家的赚钱哲学 [M]. 天津：天津人民出版社，2013.

第九部分

二三线市场比一线的更大

中国市场是呈金字塔形的，一般创业者比较关注塔尖，实际越往下市场越大，如果有条件就往二三线市场走，二三线市场要比一线市场大，我希望创业者关注一下这类市场。

——巨人创始人 史玉柱

忠告 32：不要只看塔尖，二三线市场比一线的更大

中国企业家都非常崇尚"农村包围城市"这个战略。不管是饮料教父、娃哈哈创始人宗庆后，还是通信教父、华为创始人任正非，抑或是保健品教父、巨人创始人史玉柱，都将"农村包围城市"作为企业的重要商业战略。

1993 年，任正非重金研发数字电话交换机后，面对资金和实力雄厚的跨国公司，任正非非常清楚，绝对不能与他们直面交锋，因为这还不是决战的时候，尽管有时候兵临城下，但是精明的任正非采用"农村包围城市"这个战略，凶猛大胆地在小城镇市场上推出华为自己研发的数字电话交换机。

就这样，任正非以此为根据地，集中一切力量搞研发。在任正非看来，"只有枪杆子才能出政权"，"农村包围城市"必须以研发为前导。在这样的基础之上，华为开启"农村包围城市"的战略引擎，然后再推向全中国，因此大获成功。于是，任正非把"农村包围城市"这条战略思想作为华为后来进军海外最重要的策略，而且屡试不爽。

为此，史玉柱告诫创业者："中国市场是金字塔形的，塔尖部分是北京、上海、广州，往下是大中城市、小城市，塔基是广大的农村地

区。其实市场越往下越大，下面消费者没有想象中那么穷，消费能力也不弱。一线城市你全占满了，也还不到下面市场的十分之一。"

不管是做脑白金，还是做网游，史玉柱自觉不自觉地都会把目标市场关注在二三线市场。当《征途》游戏推出后，曾有媒体记者采访史玉柱时问道："《征途》和脑白金面对的人群是否不一样？"

针对记者提出的问题，史玉柱的回答出乎意料："网游和保健品一样，真正的最大市场是在下面，不是在上面。中国的市场是金字塔形的，塔尖部分就是北京、上海、广州这些城市，中间是大中城市，像南京、武汉、无锡。越往下市场越大，中国真正的最大网游市场就在农村，农村玩网游的人数比县城以上加起来的要多得多。"

研究发现，获取二三线市场潜在的商业价值，史玉柱并不是"第一个吃螃蟹的人"。在1995年巨人集团向保健品市场拓展之前，三株创始人吴炳新就已经通过"农村包围城市"取得了成功。在保健品行业，吴炳新是名副其实的教父级人物。吴炳新曾经带领三株在很短的时间内演绎了中国保健品行业最辉煌的神话，1992年以30万元起家，1995年销售收入便达到23.5亿元；1996年，迅即走向巅峰，销售收入超过80亿元。

客观地讲，吴炳新已经把"农村包围城市"运用得炉火纯青。当时，三株药业的市场遍布中国农村的每一个角落，连农村的厕所都刷上三株药业的广告。

为此，史玉柱曾专门去三株药业向吴炳新学习"农村包围城市"。当然，他的拜师学艺证明了"农村包围城市"的可行性。

当史玉柱第二次创业启动脑白金保健产品项目时，将"农村包围城市"的根据地选在江阴。他分析后认为，江阴是县级市，所处的苏南地区，购买力强，城市密集，距离上海、南京也很近，能够更好地把农村市场和城市市场衔接起来。而10万块钱在上海打广告还不够做一个版的报纸广告。正是这种营销思路，使脑白金在保健品的红海里做出了"营销蓝海"。[①]

在江阴，史玉柱得到了回报——第一个月赚了15万元。而他却把这15万元再加上15万元的预备资金，又投入到无锡市场的开拓中去了。第二个月，脑白金就赚取了100多万元。

尔后几个月里，南京、常熟、常州以及东北的吉林，这4个城市全部都成了脑白金早期的"革命根据地"。正是根据地的"星星之火"，随即开始呈燎原之势。

史玉柱的"新农村包围城市运动"取得了胜利。在1998年年底，脑白金保健品已经抢占了中国30%多的市场份额，月销售额近千万元。

史玉柱取得第一场战役胜利后，1999年春天，他和他的团队悄悄来到上海。在免费午餐的刺激下，脑白金保健产品的市场被迅速打开，到1999年年底，脑白金保健品全面打开了中国市场。

史玉柱取得了丰硕的成果。仅仅在2000年，脑白金就创造了13亿元的销售奇迹，成为保健品市场当之无愧的销售状元，并在中国拥有200多个销售点的庞大销售网络，规模超过了鼎盛时期的珠海巨人集团。

由于脑白金在农村市场起步，2001年，在推出黄金搭档保健产品时，史玉柱依然把重点市场选择在农村市场。

---

① 班丽婵.史玉柱三大"杀手锏"[J].广告主，2007（11）.

在第一轮试销中，史玉柱依然集中选择了 5 个中小城市，漳州、襄樊、吉林、威海、绵阳。

事实证明，对于史玉柱的成功，"农村包围城市"战略立下了大功，同时也是史玉柱在市场营销中的一个极其重要的法宝。

当史玉柱转型进入网络游戏行业后，除了像脑白金一样开始时供用户免费使用之外，史玉柱又一次将目标对准了农村市场。

在史玉柱看来，网络游戏这个行业内的企业都把市场重点放在北京、上海、广州等大城市，对中小城市和农村市场根本就不关注，甚至根本就不重视。但是史玉柱调研后发现，网络游戏和保健品一样，真正最大的市场却是在中小城市和农村。

中国一线城市的人口才几千万，尽管处于"金字塔"的顶端，但是远远低于中小城市和农村市场。因为中国市场是金字塔形的，北京、上海、广州这些大城市是位于塔尖，南京、武汉、无锡等城市位于塔的中间部分，而塔的底部是中小城市和农村。

史玉柱认为，中小城市和农村是真正最大的网络游戏市场，因为农村玩网络游戏的人数比县城以上城市加起来的要多得多。

在史玉柱看来，网络游戏越往下其实市场越大，由于中国实行改革开放，农村的消费能力也很强。

史玉柱坦言，就算抢占了一线城市全部的市场份额，也还不到中小城市和农村市场的十分之一。这就意味着大城市整个市场规模非常有限，而二三线城市聚集了数亿的人口，只要推广得当，中小城市和农村市场空间还是相当可观的。

史玉柱分析认为，除了网易在一些中等城市比较重视地面推广外，其他竞争对手都还没有到那么偏远的地方去做市场推广。

于是，他断言说："网络游戏行业的很多公司都不太注重二三线城市。"史玉柱发现的这个潜力巨大的消费市场，为他打开中小城市和农村的网游市场找到了突破口。

对于发展至今已10多年的网络游戏而言，一线大城市市场的消费者需求早已经饱和，后来的网络游戏新产品已很难进入到一线大城市抢占更多的市场份额。而位于二三线城市的中小城市和农村市场却聚集了数亿的人口，这片"蓝海"蕴含着巨大的市场潜力。

事实也是如此，中国大多数位于二三线城市的中小城市和农村的网吧都是以娱乐场所的形式存在的。在任何一个网吧里，90%以上的消费者都是在玩计算机游戏。因此，史玉柱在接受采访时说："我不会去主打一线城市，下面的总量要比一线城市大很多。越是这些偏远地方，竞争就越不激烈。在北京、上海等一线城市里，网易和盛大等网游先行者所占的市场份额已经相当高了，因此整个市场的推广费用也随之水涨船高。"

史玉柱继续介绍说："在一线城市的很多网吧去贴广告画是要付钱的，但是在二三线城市基本上不需要。上海的网吧对我们的营销人员爱理不理，营销人员干点什么都很难，但是到了上海周边县、镇里的网吧，从网管到网吧主，他们对营销人员就非常热情，帮忙倒水、贴宣传画，而这些宣传都是免费的。在二三线城市，超过60%的玩家依旧在网吧里玩网络游戏，有如此庞大的消费群体，进行地面推广的效果是可想而知的。"

史玉柱在中小城市和农村市场取得了巨大成功，仅仅在2007年3月，征途公司的月运营收入超过1.6亿元，月纯利润超过1.2亿元。以此计算，公司一季度营业收入将超过4.8亿元，每季度纯利润将超过3.6

亿元。这是二三线城市给《征途》带来的回报。

忠告 33：网络游戏和保健品一样，真正最大的市场是中小城市和农村市场

在中国农村，地广人多，居民的消费能力大幅度提高，市场潜力非常巨大。三株创始人吴炳新强调，潜力巨大的二三线市场肯定会有庞大的购买力。在农村广袤的市场里，潜在的庞大消费群同样能让产品热卖。

史玉柱对此观点非常赞同，他在中央电视台《赢在中国》栏目点评选手时谈道："根据你的这些资料，我感觉你的企业做得还比较扎实和规范，根据你的介绍，社会效益和经济效益都很有前途。我谈几点建议：第一，人在成功的时候不能得意忘形，我倒没有说你得意忘形，我只是提个醒，尤其你将来越得意的时候越要提醒自己。第二，你要重视二三线城市，现在创业很注重北京、上海、广州这种一线城市，不太注重二三线城市，但是你分析下北京、上海、广州市区人口占全国人口比重，市场容量也就是 3%，最多到 4%，其他省会级城市和一些像无锡一样的地区性中心城市加在一起，要远远超过北京、上海、广州这种中心市场；而再小一些的城市，比如各个省里面的地级市，全国有 380 多

个，这比省会城市的市场更大，而到了县城和县级市的城镇地区的市场又比这 380 多个市场更大，再到镇里面，镇里市场比县城市场更大，中国市场是呈金字塔形的。"

在史玉柱看来，二三线市场份额比一线市场要大。正因为如此，他才很快东山再起。可能读者非常好奇，"为什么二三线市场份额比一线市场要大呢？"

这主要得益于毛泽东的"农村包围城市"战略。在很多场合，史玉柱并不讳言自己常看《毛泽东选集》。而他坚持认为，毛泽东最大的成功就在于取得"农村包围城市"的战略性成功。

中小企业在实力雄厚的跨国公司，或者大型公司不愿意开发的市场内几乎没有竞争对手，可以获得高速发展。

正如史玉柱所言："像保健品，你看上海，到一般的商场，往往有两三百种，到县城去一般只有五六种，到镇里面去就只有两三种了，在那样的地方竞争不激烈。"

史玉柱在二次创业中，仅仅只有 50 万元启动资金，肯定是无法直接"攻打"大城市的，必须积累足够的力量。对于创业者而言，在创业企业的初期阶段，农村市场是创业初期最好的产品销售地。

20 世纪 80 年代的中国，当改革开放的春风吹遍华夏大地时，一个崭新的时代正在来临。在这样一个时代中，新中国第一代创业者们已经嗅到潜在的巨大商业机会。这其中就包括华为创始人任正非。

关于任正非的创业故事写得都非常精彩，这个从部队退役的团级干部，通过自己的艰苦创业，改写了中国乃至世界通信制造业的历史。读者不知道的是，创业初期的任正非与其他创业者一样，创业之艰难超出人们的想象。不过，任正非之所以能够成为中国令人敬佩的企业家，是因为他有独到的领导力和把控商业机会的能力。

创业初期的华为，凭借代理香港某公司的程控交换机获得了第一桶金后，作为船长的任正非并不满足于这种商业模式的发展，他敏锐地意识到该项技术在当时中国市场的巨大商业价值，特别是该项技术的应用性。在任正非的坚持下，华为将所有资金投入到研制自有技术中。

任正非的做法与其他企业家格格不入，在他们看来，当时的商业机会遍地都是，任正非却孤注一掷地搞研发。然而，正是任正非的远见，才有了今天的华为。

有投入就有回报，尽管华为当时的资金有限，但是任正非毅然地搞研发，华为研发小组终于研制出 C&C08 交换机。

当产品研发出来后，一个非常现实的问题就是如何销售。在当时，大型跨国公司，特别是国际电信巨头都已经垄断了中国市场，甚至盘踞各个省市多年，华为要想从这些拥有雄厚财力、先进技术的巨头那里夺得市场份额，无疑是虎口拔牙。

一些学者撰文称，与大型跨国公司，特别是国际电信巨头直接交火，未免以卵击石。尽管如此，中国人的韧性往往在最为严峻时被激发出来，任正非获取市场的第一步就是采取低价——C&C08 交换机的价格是国外同类产品的三分之一。

当华为 C&C08 交换机光复一些市场后，国内市场迅速进入恶性竞争阶段，一些国际电信巨头依仗自己雄厚财力，有针对性地大幅降价，妄图将华为等国内新兴电信制造企业扼杀在摇篮里。

面对如此惨烈的竞争，熟读《毛泽东选集》的任正非借鉴了毛泽东的战略思维——"农村包围城市"。

据一名跟随任正非多年的老员工介绍，《毛泽东选集》是任正非最喜欢读的书，一旦有空闲的时间，任正非就琢磨毛泽东的兵法，把它用在华为的战略上。

在创业之前，任正非在部队服役时就是"学毛标兵"。我们仔细地研究华为的发展史就不难发现，华为的市场攻略、客户政策、竞争策略，以及内部管理与运作，都深深地打上传统权谋智慧和"毛式"斗争哲学的烙印。

在任正非的很多内部讲话和宣传资料中，其字里行间都跳动着战争术语，如"华为的红旗到底能打多久""上甘岭是不打粮食的，但是上甘岭丢了，打粮食的地方就没有了"等等，这些术语极富煽动性，以至于有研究者说，只要进入华为的人都会被洗了脑。

不信，我们来分享一个较为典型的例子，在华为的创业初期，任正非运用"农村包围城市"战略，使得华为在企业竞争的丛林里生存了下来。

1992年，被任正非寄予厚望的、华为自主研发的交换机及设备推向市场后，为了避开当时把持中国市场的阿尔卡特、朗讯、北电等国际电信巨头的竞争锋芒，任正非以"农村包围城市"的战略迅速攻城略地，迫使中国市场上的通信设备价格直线下降。1996年，任正非开始在全球依法炮制"农村包围城市"，蚕食欧美电信商的市场，成功地实现"诺曼底登陆"。

可以肯定地说，任正非选择了国际电信巨头无意、甚至是不屑的市场进行深耕，他实施"农村包围城市"战略的目的，是让华为先占领阿尔卡特、朗讯、北电等国际电信巨头没有能力深入的，甚至是不屑的广大农村市场，然后再步步为营，最后占领城市市场。这条被称为"农村包围城市"的销售策略，避免了华为被国际电信巨头剿灭。

　　众所周知，对于电信设备制造来说，对售后服务的要求非常高，不仅要花费大量的人力和物力，而且在偏远的地区，还要耗费巨额的成本。

　　在当时，一些国际电信巨头如阿尔卡特、朗讯、北电等，往往把分支机构最多设立到省会城市，以及沿海的重点城市。当然，跨国公司这样做有其自身的战略考量，如果涉足偏远地区，那么自然就会摊薄其利润，因此无暇顾及广大偏远地区和农村市场。

　　基于此，华为可以畅通无阻地拓展其疆土，这正是华为作为本土企业的机会和优势所在。由于农村市场的实际购买能力有限，即使跨国公司的产品大幅地降价，与农村市场的支付能力还是存在一定的差距。因此，国际电信巨头基本上放弃了农村市场。

　　然而，这对于华为来说，偏远地区和农村市场尽管购买力不足，但是却如同"久旱巧逢甘露雨"，由于价格比国际电信巨头的同类产品低三分之二，功能与之类似，C&C08交换机的推广相当顺利，为华为带来十分可观的利润。

　　事实证明，"农村包围城市"这个战略，不仅避免了国际电信巨头扼杀华为于萌芽阶段，更让华为积累了资金和研发能力，获得了长足发展的机会，培养了一支精良的营销队伍，成长起来一个研发团队，为到城市"打巷战"积蓄了资本。

　　正是因为华为自主研制的策略，让华为在冒极大风险的同时也奠定了适度领先的技术基础，最终成为华为的一大资本。因此，在当年与华为一样代理他人产品的数千家公司，以及随后也研制出了类似的程控交换机的中国新兴通信设备厂商纷纷倒闭时，华为在广大的农村市场"桃花依旧笑春风"。

第十部分

消费者比营销专家更有话语权

营销是没有专家的，不能迷信专家。我认为大学里有关营销的教材 80% 的内容都是错的。要说有专家，我认为唯一的专家就是消费者。

——巨人创始人 史玉柱

忠告 34：骗消费者一年可能，骗消费者十年就不可能

在中国，可能有人不知道史玉柱本人，却知道这句广告词——"今年过节不收礼，收礼只收脑白金"。

一些研究认为，脑白金之所以能做起来，完全是依赖广告，靠忽悠。而巨人网络 CEO 刘伟对此并不认同，她说："那是外界不了解我们的营销策略。"

刘伟认为，随着每年广告的节节攀升，其广告成本非常高，仅仅依赖广告根本撑不住脑白金的市场。一旦脑白金没有回头客，那么其后果是不可想象的。

针对研究者的质疑，史玉柱回应："骗消费者一年，可能。骗消费者十年，就不可能。"在他看来，脑白金的成功是口碑宣传的结果。口碑营销是非常重要的，时间已经证明了这个问题。

在当下这个浮躁的镀金时代，中国制造如同一叶漂浮在大海上的孤舟，尽管占据世界消费产品的大部分市场份额，但其产品被消费者视为廉价和低质量而广受诟病。

2015 年，有 2 个新闻事件被新闻界大肆炒作：一是"马桶新闻"，

广大消费者在日本购买的马桶居然产自中国的杭州，在日本购买的天价大米居然产自中国的辽宁；二是老干妈产品在国外的价格比中国要贵，老干妈辣酱的创始人陶华碧说："我要把老干妈卖到外国去，赚外国人的钱。"

这2个新闻事件让成千上万的中国人听得可谓是荡气回肠。以前，国外的奢侈品价格往往是比中国要低一些，如今老干妈登上了美国奢侈品折扣网站，甚至被网友戏称为"一秒钟变格格"，甚至媒体还做了一幅美国自由女神手拿老干妈的画。

其实，老干妈受消费者追捧的现象不胜枚举，在社交网站脸书上，来自世界各地的老干妈粉丝交流最多的一个问题就是：上哪儿能购买到老干妈？在社交网站推特上，也有一大批老干妈的忠实粉丝，不断地贴出一些出人意料的搭配。

老干妈的产品不仅在发达国家深受消费者欢迎，在非洲国家也一样畅销。一位媒体记者在贵阳机场口岸曾经采访过一位首次来中国的非洲客人，该记者问非洲客人初到贵州的印象，这位非洲客人用非常生硬的汉语但却异常响亮地说出了"老干妈"这三个字。

在中国的知名企业中，知道贵州省贵阳市南明老干妈风味食品有限公司的消费者或许并不多，可是提到知名辣椒酱品牌——老干妈，在中国可谓是家喻户晓，老少皆知。低调的老干妈辣酱不仅畅销中国的大江南北，在海外市场也是深受消费者青睐的。

据媒体报道，几年前，有位朋友到一个与中国建交时间不长的国家，在商场里看到唯一的中国制造就是老干妈，一打听原来还不是从中国直接进口，而是从第三国购买来的。老干妈的受欢迎程度由此可见一斑。①

如今的老干妈早已不是偏安贵阳的小企业了，其品牌影响力已经与茅台并驾齐驱了，甚至成为贵州的一张名片。的确，在贵州为数不多的本土品牌中，老干妈可以称得上是一个十分知名的食品品牌。

回顾老干妈的发展历程，特别是在其品牌发展中，老干妈这个油制辣椒品牌是由一个没有上过一天学的农村妇女创办，其艰难是难以想象的。尽管如此，老干妈还是成了一个知名品牌，其品牌成长给中国诸多企业足够的启示。可能读者会好奇地问，为什么老干妈产品深受消费者的欢迎呢？答案就是建立在诚信基础上的质量把控。

研究发现，老干妈品牌的创立完全是由贵州当地人的饮食习惯以及陶华碧的聪明刻苦而发展起来的。在其发展过程中，我们没有看到较为突出或者说有特色的品牌营销战略，取而代之的是非常朴素的营销战略，时时以诚实守信为本，处处以诚实守信为先。当然，这种朴素的营销手段在品牌创立初期乃至以后的发展壮大中都是最基本的行为准则，也是品牌战略最为核心的东西。老干妈做到了，而且用尽心思，做得很好。

老干妈的做法得到史玉柱的较高评价。史玉柱认为："骗消费者一年，可能。骗消费者十年，就不可能。"

脑白金刚成功时，一些营销专家扬言，脑白金不用一年就会垮掉。事实却出乎这些营销专家的意料，脑白金已经销售了10多年，现在还是同类产品的销售冠军。脑白金的几位主要干部都是当初在珠海时期的

---

① 王志文. 好一个"老干妈"[N]. 中国国门时报，2012-11-05.

"老巨人"，在 1992 至 1993 年到公司的，其营销团队也很强，有三分之一的分公司经理是首款保健品脑黄金时期的人。

事实面前，过去那些营销专家对脑白金的批评无疑就不攻自破。在做脑白金的这段时间里，史玉柱深入目标市场，做了大量的调查。为了调查脑白金的真实市场，他询问一些商场的柜员、生活在农村的消费者。

正是这样的调查，才保证了脑白金的成功，才有了"今年过节不收礼，收礼只收脑白金"的广告语。

史玉柱在公开场合坦言："脑白金的成功没有一丁点的偶然因素，这归根于我本人带领的团队对目标消费群的调查与研究。"

史玉柱调查发现，那些批评脑白金的人多数是没有吃过脑白金这个产品的，而真正地吃过脑白金的消费者往往是没有质疑的。

在脑白金的实际销售中，能够得到消费者的认可，其成功离不开消费者的口碑宣传。正是这个口碑宣传，脑白金才赢得了回头客。

史玉柱对目标市场做了大量实地的调查，无疑他最有发言权。在第一次失败后的很长一段时间里，史玉柱不是在药店里调研，就是到农村跟一些老年人沟通交流。

史玉柱在开拓无锡市场时，竟然把当地几百家药店都调研了一番。当他看到调研数据时，已经成功地为销售脑白金打下了基础。他每次启动一个新市场，都这么做。

得到第一手调研数据，史玉柱就把脑白金这个产品瞄准了受众广大的农村市场，打出送健康的"送礼"模式。原因是农村老年人"很抠门，想吃也舍不得买"，只有等子女花钱买。创业前，史玉柱曾在安徽统计局农村抽样调查队工作，这很好地成就了他对农村市场的理解与调研功夫。

脑白金试销一年后在全国迅速铺开，月销售额飙升至 1 亿元，利润
4500 万元。与此同时，大部分中国人通过电视记住了"今年过节不收
礼，收礼只收脑白金"这句广告词。[1]

忠告 35：要说有专家，我认为唯一的专家就是消费者

在销售脑白金之前，史玉柱并没有动用其最擅长的广告营销，而
是针对产品的市场需求做了深入的调研。他不仅深入调查和了解了当
地的消费者需求以及消费者心理，而且还对中国其他省市的消费者都
做了调研。

后来很多媒体的评论文章中就有了"在江阴市的大街小巷，那个戴
着墨镜、个子很高，但是身体很瘦，走村串镇，挨家挨户寻访的年轻人
就是史玉柱"的报道。

正是这些市场调研，让史玉柱大受启发，他敏感地意识到这个市场

---

[1] 大河网.史玉柱，胡润财富榜上最富有 IT 商人的近视手术故事 [EB/OL].2016.http://www.
dahe.cn/ggzx/zhuanti/purui/ssgs/t20071225_1230994.html.

里存在很大的商业机会，只是没有被开发出来。于是，脑白金销售之初便打出了"今年过节不收礼，收礼只收脑白金"的广告语，通过满足儿女们对老人的孝心、亲情，来促成产品的销售，正好解决了保健品市场消费者与买单者脱节的问题。

在之后的游戏产品研发中，史玉柱用同样的方法赢得了游戏玩家的认可。他决定研发网络游戏时，就对大量的游戏玩家进行了研究。

史玉柱在接受媒体采访时坦言："我啥都不管，只关心玩家的意见。"在他看来，只有游戏玩家的意见才能影响产品的口碑。

当史玉柱讨论有关产品设计的话题时，他都会兴致盎然地跟你仔细讨论每一个细节。他每天都在玩游戏，在玩游戏的时候，只开两个窗口，一个是游戏的主界面，另一个是研发组的讨论群，"发现问题我直接在群里面和他们探讨"。

在整个游戏研发过程中，史玉柱每天竟然要花15小时来听取玩家的意见，他坦言："我睡眠时间相对比较短，剩下时间都在跟玩家交流。"

在史玉柱看来，整个人类的文明史都应该被囊括进游戏中去，玩家可以体验从原始人到未来世界的进化过程。

在谈及网游市场的营销时，史玉柱一再向媒体坦言："很落后，这个行业最不重视对消费者的研究。"

在史玉柱看来，网络游戏界几乎没有一个领军人物能够像他那样玩游戏一玩就是20多年，并且喜欢在游戏中与玩家交流，听取玩家的意见和建议。从这个角度来说，正如一些媒体报道中所说的那样，玩家在不经意间已经享受到世界上身价最高的客服服务。

为此，史玉柱说道：

　　"我再说一些征途公司创业的感悟。第一个感悟，你创业从事的内容，如果是你的热爱，是你的最爱，我觉得你就能成功一半了，因为你把工作作为乐趣，没人用鞭子抽你，你就想去干这个活，这个对创业会非常受用，因为脑白金成功之后，我买了一堆银行股，还是法人股，也没什么事，整天玩游戏，一下我迷进去了，上班的时间，在那玩，一听到敲门声赶快把屏幕关掉。

　　"那时候我喜欢游戏，后来干脆我就不上班了，不到办公室去了，我就在家，在家没人管我。因为玩游戏，玩了有一年，后来正好盛大有一个团队，有几个人，找我投资，我们一看，喜欢这个东西，就投资了这个项目2000万。大概不到一年的时间游戏就研发出来了，我本来是玩盛大的游戏，后来盛大把我的号封了，所以我就玩《征途》了。我玩盛大的游戏时，已经是一个地地道道的玩家了，我跟玩家每天待的时间很长，我知道他们喜欢什么，知道他们讨厌什么。我们的《征途》刚研发出来的时候，我就提出来，这个应该这样改，我的团队还不接受，说我不懂，说这个游戏是有规矩、有规则的，说我破坏规则。比如我自己玩游戏的时候，打怪、砍怪，一砍砍到早上7点钟，太阳出来了，多累，手不停，砍完之后，再刷怪，就有经验值，有时候累得真的不想玩了，怎么办？我雇秘书，我刷怪时就让秘书帮我刷怪去，要打架了再给我。我知道我们的玩家有多累，我就提出我们的刷怪，能不能搞个键，搞完之后这个人就找离自己最近的怪砍，砍完之后，再找最近的砍下去。开始大家不接受，说一堆理由，最后也被我说服了，然后我们的玩家真开心，因为不用这么累了，至少吃午饭的时候，可以吃午饭了，按个'Ctrl+Z'就可以吃午饭了。晚上一个人在那看着，其他人都睡觉了，第二天精神饱满，可以打架。

"站在玩家的角度，一旦你喜欢上以后，你的投入度会很高，高到一定程度，不是把它作为一个简单的工作，尤其不是一个应付的工作。我每天去玩这个游戏，玩了半年，太阳出来之前，从来没睡过觉，玩的过程中，我在电脑边上放张纸，有什么感悟马上记下来，第二天有什么修改的，包括数值，哪个地方数值不好，哪个功能要修改，让研发团队第二天去做；有的问题太严重了，我有时候半夜叫他们起来去改。

"我们研发团队这时候也从做传统的《传奇》这个产品系列的思路中跳出来，因为我们站在玩家的角度，就开始有很多创新。所以《征途》的成功，其实你说它功能多，它的功能不是特别多；你说我们的运营效率高，我们运营效率是最高的。但是我们有很多创新，其中一个创新是我们团队最早提出来的多国的概念，一个服务器一个国家，七个服务器七个国家，然后打国战。小的创意有很多，归结起来有上百个。我在玩这个游戏，也逼着我们的团队玩这个游戏，我说你不是一个喜欢游戏的人就不应该来我们公司，包括扫地的阿姨也在玩这个游戏。自己本身就是一个玩家，在这种情况下，你的创新往往是切合实际的，是有效创新，而不是搞破坏。

"在这种环境下，《征途》发展得很快，投放市场才几个月，我们的月销售收入就上亿了。这个和我当初总结做脑白金一样，我们的工作做得扎实。网游这个产品要做扎实的一个重要前提，就是你要了解你的消费者。做脑白金也要了解消费者，只不过了解的方式不一样，你要跑到农村去找老太太聊天，你要了解消费者首先你自己要是一个消费者。

"我们这个团队都有这样的爱好，都是游戏狂人，才能获得成功。我们《征途》成功的原因有很多方面，这个是最重要的因素。

"后面《征途》的故事大家都知道了。我最后一点感悟，你从事的事业最好是你的爱好，你的最爱。再者就是消费者，什么都离不开消费者，全国全世界的公司，凡是它的研发团队真正重视消费者，走到消费者中间去搞研发，这种公司往往成功的多；凡是把自己关起来，和消费者隔绝，往往不会成功。消费者才是自己的衣食父母，消费者是你未来成功的命脉。"

忠告 36：如果有好的产品、好的营销，队伍过硬，就能打开市场

要想把产品销售给消费者，作为企业经营者，不用去问营销专家，而是要问消费者。对此，史玉柱在公开场合说："我一直认为，营销学

书上的那些东西都是不可信的，和他们想法相反的，倒可以试一下。营销学诞生于美国 20 世纪初，事实上是当时美国几大广播公司搞出来的，目的就是为了让企业投放广告。最好的营销老师就是消费者，如果有好的产品、好的营销，队伍过硬，就能打开市场。"

在史玉柱看来，消费者比营销专家更有话语权。他坦言，在策划脑白金这个品牌时，他完全遵守了 "721 原则"，见表 10-1。

表10-1　721 原则

7	所谓 "7"，就是把消费者的需求放在第一位，即花 70% 的精力来服务消费者
2	所谓 "2"，就是公司投入 20% 的精力做好销售终端的建设与管理
1	所谓 "1"，就是公司只花 10% 的精力用来处理公司与经销商之间的关系

史玉柱之所以要花费大量的精力研究消费者，是因为消费者比营销专家更有话语权，是直接购买产品的人。对此，他在接受媒体采访时说："营销是没有专家的，唯一的专家就是消费者，也就是你只要能打动消费者就行了。"

在中国，保健品市场的竞争从来都是非常激烈的。要想在红海市场深处杀出一条血路，就必须开创自己的蓝海市场。

史玉柱经过一番深入的研究，用脑白金、黄金搭档这 2 款产品开创出一片 "蓝海"，从而获得意想不到的成功。

究其原因就是史玉柱对消费者的研究，正如他在接受媒体采访时坦言："我的成功没有偶然因素，是我带领团队充分关注目标消费者，做了辛苦调研而创造出来的。"

在史玉柱看来，要想让消费者购买自己所生产的产品，就必须去了解消费者，但是企业经营者往往不愿意了解消费者，因为消费者是很难了解的。尽管如此，史玉柱为了加深对消费者的了解，花费了大量的时间和精力。

按照传统的营销思维，一般地先生产一个较好的产品，再根据产品去开拓市场，然后把产品销售出去。史玉柱却恰恰相反，他先在一个潜力巨大的市场中去研究消费者，然后再根据消费者的需要定位和生产消费者所需的产品。

2003年，史玉柱驾驶着汽车走遍了中国所有的省、市、自治区，其目的就是做市场调研。

当史玉柱深入调查后发现，在中国，至少不低于70%的女性有睡眠不足的毛病，而睡不好觉的老人有90%以上。

在调研中，老人和妇女还经常关心一个关于衰老的问题。在史玉柱看来，这是一个潜在巨大商业价值的市场机会，更为重要的是在这个市场内缺乏明显的领导品牌。

于是，史玉柱针对这些消费需求，把脑白金以及其后的黄金搭档强势推出。然而，和其他创业者一样，刚开始推广脑白金时，并不顺利。

即使遭遇挫折，史玉柱也不轻易放弃。因为他看到了许多中老年人需要改善失眠、肠道不好的迫切需求，脑白金改变了传统的胶囊形式，推出了"1+1"的产品模式，即胶囊管睡眠、口服液管肠道。刘伟称"脑白金这个做得很绝"。

在推广黄金搭档时，史玉柱把黄金搭档的广告词撰写得更加通俗易懂：黄金搭档送长辈，腰好腿好精神好；黄金搭档送女士，细腻红润有光泽；黄金搭档送孩子，个子长高学习好。

尽管这样的广告词被众多的营销专家和广告大师评点为俗气的广

告，但是史玉柱撰写的广告词却牢牢抓住了每一个目标受众的心。

对此，史玉柱在接受媒体采访时坦言："营销是没有专家的，唯一的专家是消费者。你要搞好策划方案，你就要去了解消费者。"

然而，在中国，一些企业对消费者的研究，并非打算为消费者带来什么实质的利益，而是为了得到有效的宣传和策划广告方案，追求的是"把梳子卖给和尚"，甚至是"把发簪卖给和尚"的手段，至于黄金与酒的结合则是从"王婆卖瓜式的初级销售阶段"到心理学与行为学如"皇帝的新衣"的产业提升。

忠告37：创业者的核心问题，是怎样迅速地找到你的消费者，最好能像滚雪球似的，成几何级数增长

中国古代著名军事家孙子在《孙子·谋攻篇》一文中就谈道："知彼知己，百战不殆。"

这句话的大意是，透彻了解敌我双方的情况是赢得战争胜利的一个关键因素。尽管经营不同于战争，但是对于任何一个创业者而言，要想提升创业企业的经营业绩，就必须了解消费者。

在史玉柱的意识中，营销压根就没有什么专家，要想做好一个产

品，在产品前期的论证阶段就必须花大量的时间和精力来了解消费者。

在《赢在中国》第三赛季晋级篇第七场中，作为评委的史玉柱告诫创业选手郭志强"找准你的消费者，才能赢利"。郭志强是一家以网络数码冲印为主导业务的公司总经理，他的参赛项目是成为数码照片网上冲印领域的先行者。网上冲印，就是通过互联网把照片传给专业的冲印网站，冲印网站把照片冲印出来，然后寄送给消费者。2007 年，他的公司用户达 20 万，营业额 260 多万。

在这里，我们来回顾一下现场简况：

史玉柱：网上支付你是怎么解决的？

郭志强：有好几种方式，其中一个是支付宝。

史玉柱：你如何让潜在的消费者知道你的网站？

郭志强：说实话，我做得不是太大，我几乎没有花过广告费。我的用户 30% 靠口碑，70% 靠网络。你在所有的搜索引擎上，搜跟冲印相关的关键词我们一定排在前三位。

史玉柱：你觉得做大的话，最大的瓶颈在哪儿？

郭志强：可能是我的宣传做得不够，营销可能是我的一个大问题，目前我主要想建一个生产车间。

史玉柱：你的团队情况？

郭志强：总共有 19 个人，主要骨干有 4 人，一个管客服，一个管物流，一个管财务，我做市场。

史玉柱：现在运营网站这块有几个人？

郭志强：7 个。

史玉柱：怎么分工？

郭志强：一部分人做调研，另一部分负责运营维护。

史玉柱：他们有股份吗？

郭志强：现在没有，以后会考虑。

史玉柱：待遇怎么样？

郭志强：比济南的平均收入高一点吧。

史玉柱：你有 260 万营业额，利润率是多少？

郭志强：40% 的毛利。

史玉柱问完关注的问题后，点评郭志强说道：

"我提 2 点建议。第一，你的性格可能需要完善一下。你做事给人的感觉是比较稳，好像也比较保守。未来你如果做大，可能你的性格需要完善一下，多一些积极向上的心态。

"第二，你未来的发展主要依靠网络，因为你的目标客户是在网上，你只能在那些会用网络的人中间发展。这是你的项目最核心一点，也是你未来做大的成长点和关键点。刚才你好像把生产排在第一位，我觉得不太合适。实际上，技术、资金包括生产设备，都不是主要问题。等你生意好时，考虑扩大再生产也不迟。你现在的核心问题，是怎样迅速地找到你的消费者，最好能像滚雪球似的，成几何级数增长。对于如何运用网络扩大影响，我个人有个建议，你可以在网上建立一个关于摄影的社区，把你们冲印的一些好照片，经客户同意后，放在上面供大家欣赏。因为你的客户主要在网上，如果照片质量确实很好，我想它的影响力会迅速扩大。所以你企业有大突破是很有可能的。社区这条路肯定能走通，就看你的创意如何了。"

为了了解消费者的需求，史玉柱可谓是亲临一线。他在接受媒体采访时说："自从'三大战役'失败之后，我就养成了一个习惯，谁消费我的产品，我就要把他研究透，一天不研究透，我就痛苦一天。"

史玉柱说："在珠海一出门，一路上都有人找我要债，我啥事也做不成。我就在珠海留了 2 个副总裁，专门负责相关工作，我把核心的队伍带到江苏去了。但是在江苏我们也没地方待，那边也没有公司，所以当时我先住到了无锡的一个招待所。然后每天都跑市场，做市场调查。"

在业界看来，史玉柱的成功是因为懂得研究消费者。史玉柱说过，"企业规模稍大的企业家，往往今天邀这个政府官员吃饭，明天请那个银行行长打球，他们 70% 的时间属于'不务正业'。我从不琢磨领导们各有什么爱好，只一心一意研究消费者，这为我节约了很多时间。"

史玉柱坦言："我培养了一支队伍，要求他们每个月必须至少要跟 100 个消费者进行深度交谈。"

这可能是脑白金持续保持一定销售额的原因所在。其实，脑白金的成功，还是源于史玉柱对消费者的深入研究。

从史玉柱做脑白金这个成功的典型案例中不难发现，在他的营销思维中，卖什么产品并不是最重要的，关键是产品能够满足消费者的需求，即身体和心理的需求。

第十一部分

再小的企业，一开始也要规范

我公司自成立的第一天起，就按上市公司的要求去做、去规范，这在起步阶段可能影响一点发展速度，但发展后劲足，会持久，而且机遇一旦来临，就能迅速扩张。

——巨人创始人 史玉柱

忠告38：企业从创立的第一天起就要建立严格制度，规范化运作，哪怕因此牺牲一些发展速度

对于创业初期的创业者来说，热衷于提升赢利水平，往往容易忽略规范的制度化管理，甚至一些创业者会牺牲企业规范来换取发展速度。

这样的做法，自然是不可取的，也是不值得提倡的。在史玉柱看来，舍弃规范的制度化管理无疑是缘木求鱼。在《赢在中国》第三赛季晋级篇第一场中，作为创业大师的史玉柱，就告诫创业选手符德坤要规范自己的初创企业。符德坤的参赛项目是：建立中国最大的会员制网上购物中心。

据符德坤介绍，该购物网站的一个特点就是可视化。为了更好地了解符德坤的创业项目，史玉柱追问了符德坤很多问题，其现场回放如下：

> 史玉柱：你一个团队领导了3家公司，是吧？
>
> 符德坤：我把各自的职责非常明确地分开了。在3家公司当中，比如技术资源可以共享的我们就共享。现在我的企业实在不能跟在座的评委比，你们应该理解创业者，尤其是在初创

阶段，必须这么做。这能最大限度地压缩运营成本，否则我们活不下来。

史玉柱：这能理解的，但你这么做谁敢投资给你？

符德坤：这得换个角度想想，你要求我正规我就能正规起来吗？一正规我就要增加成本。现在史总你如果看我这人不错，扔一千万元给我，我立刻就可以正规起来了。

史玉柱问完关注的问题后，他不认可符德坤的经营思想。在史玉柱看来，作为创业者，规范的制度化管理是初创企业做强做大的一个关键。他点评符德坤说道："我不同意你现在可以不规范的说法。我觉得一个企业，从一开始做事就应该规范，哪怕牺牲一点发展速度。我公司自成立的第一天起，就按上市公司的要求去做、去规范，这在起步阶段可能影响一点发展速度，但发展后劲足，会持久，而且机遇一旦来临，就能迅速扩张。现在你一个团队运作3家公司，这样做是不合规的。所以我提醒，你从现在开始，就应该有强烈的规范意识。"

在史玉柱看来，即使初创企业再小，在经营初始时就要规范。当初创企业发展到一定规模，规范的制度化管理会促进企业的高速发展。即使在起步阶段影响一点发展速度，但是其发展的后劲更足，会更持久，特别是发展到一定规模后，就能迅速扩张。

当然，史玉柱之所以告诫创业选手符德坤要规范，主要源于他过去的失败教训。他回忆说："15年前的中国和现在不一样，那时谁的胆子大谁就能取得暂时的成功，但现在看来不是这样的，那时胆子大的人，活到现在的有几个？我那时候也属胆子大的，可我不也栽了吗？现在，中国已经越来越规范了，机会也越来越均等了，不能再去靠胆大取胜。

现在靠的是战略和人才。我建议通过实施英明战略和合理使用人才去取得企业发展，个人胆魄不那么重要！"

史玉柱的告诫，可以让更多创业者清醒，因为他以自己曾经的教训来提醒创业者。不信，我们以一个真实的案例来剖析。

在 2005 年 10 月，我和几位同事到深圳一家民营企业某科技公司应邀做咨询，当我们进驻该公司 3 天后，我们团队就发现公司存在着重大问题。

在该公司，所有公司的重大决策，也包括公司日常工作安排都是由老板（董事长兼总经理）刘总和副总在总经理办公室内做出的。

尽管公司的决策和日常的工作安排看似很完美，但是部门经理往往难解其意，很难将决策和日常安排彻底地贯彻执行下去。

于是，我们团队向公司老板刘总建议，要求公司每周召开一次公司周例会。

召开该例会的主要目的是，老板刘总制订的所有工作主张和计划在该例会上公开与各部门经理沟通，让部门经理了解并理解刘总制订工作主张和计划的战略意图，再让部门经理们去执行，从而更好地提高执行效率。当我们团队讲明了该例会的好处时，老板刘总才勉强同意了。

正当该例会发挥着重要作用的时候，让我们感到吃惊的是，周例会才开五次就被老板刘总给取消了，也没有给部门经理做出任何解释。

根据我们后来的走访发现，刘总取消例会的原因就是，他认为，公司所有的决策都要在例会上与部门经理讨论太过于烦琐，甚至在做出很多决策时，他自己也拿不出更加充分有利的依据来支持该决策。

当然，刘总也就很难解释各部门经理对决策的质疑。于是，他决定取消例会，所有决策还是按照自己的思路做决定，安排下去让大家先执行再说。

在上述案例中，公司老板刘总总是偏好在公司内部采用一种灰色、非理性的个人私下的游戏规则来管理企业，从而做出关乎公司生存和发展的重大决策。

他为什么会采用这样说不清道不明，无法用常规逻辑道理来解释的处理方式呢？因为他心里非常清楚，如果把决策拿到例会上来公开讨论，特别是面对各部门经理的种种质疑，这就会挑战他作为老板的绝对权威，所以他就取消了例会，回到了暗箱操作的过去，这样老板的权威又开始显现出来。

如果该公司想做强做大，就必须改变刘总的隐性规则，否则，公司将面临重大危机。这就是史玉柱为什么建议符德坤，即使初创企业再小，在经营初始时就要规范的原因。

不仅如此，史玉柱还在《赢在中国》告诫过另外一个创业者董冰。他直言董冰需要一个规范的技术操作手册，他客观地点评说："你给我的印象很深刻，你坚韧不拔的性格我非常钦佩，而且如果你能实现从不专注到专注，这是很不容易的。我是摔了跤之后，才下决心要专注的，你能做到，我确实很钦佩。我给你提两个建议。第一个，是早点建立你的团队，你现在还是个体户，带几个人跟着你干，以后你要把他们培养起来。第二个，是你企业的业务特征，决定了你需要一个规范的技术操作手册，这个手册要具有简单、可操作、灵活等特点。也就是说，要让人一看就懂操作，而且手册要具有能应对各种复杂情况的灵活性特点，不能在苏州能用，到常熟就用不了了。应该学麦当劳，它做汉堡的手册有一尺多厚，主要目的就是应对各种复杂情况。麦当劳正是把各种情况都考虑到了，所以它在全世界做的汉堡都是同等品质。企业要做到4S服务，这个功夫也是要下的。"

在中国很多创业者中，由于自己非常强势，加上自己又是老板，这就需要制定相关制度来约束企业创始人个人的某些决策，从而更好地发挥团队的作用。

在巨人网络公司，所有决策必须是团队开会确定，尽管当时史玉柱本人作为公司董事长，只负责抓研发，但是不准看巨人网络的股票行情。

然而，有一次，史玉柱还是禁不住偷看了巨人网络的股票行情，当场被总经理发现，总经理说："你再这样的话，公司是没有希望的。"从那以后，史玉柱只管抓研发，不再关注股票的短期波动。

对此，史玉柱特别提醒一些才出校门就自主创业的人，一些初创企业不规范，依靠个人才华出众，企业是可以走到一定高度的，但当规模超过百人后，仅凭老板个人的能力和精力就不够了，公司管理可能进入危险爆发期，要当心发生众叛亲离的情况，这是绝大多数企业家逃不过的一劫，也只有经过这一劫，才能真正成熟起来。[①]

忠告 39：一个合理完善的现代公司制度，它的价值要远远比眼前的几十万块钱重要

　　很多创业型的企业，几乎没有什么制度可言，更别谈完善的现代公司制度。在一些创业者的眼中，制度就是创业者手中的狗，想咬谁就要咬谁。这就是为什么中国创业企业生命周期的平均年限为 2.9 年的一个重要原因。

　　史玉柱认为，这样的做法无疑是自杀。他在《史玉柱自述创业历程》一文中是这样谈论规范的："不要光是整天生活在闷事中，但真要做事的时候一定要胆子小、谨慎、脚踏实地。再一个就是上来做事要规范，想要做大事，一定要规范，做小事不太规范好像时间短也没什么问题。但是你如果想干个事，做得比较长久的，所有事情都要规范做。中国有个规律，王石有次跟我说这个规律，结合他自己的例子，不该你赚的钱，你赚到了，将来一定会加倍吐出来。他创业初期也有不规范，在

解放军日报. 听史玉柱说创业戒律 [N]. 解放军日报，2009-02-07.

深圳倒卖录像机，他们是靠这些起家的。后来我回想自己的过去，好像也是这样的。当时我也没太多的规范，我当时和他差不多。以后你们年轻人要创业，要想真心创业，从第一天开始就要规范。"

在史玉柱看来，完善现代公司制度的价值远远比眼前的几十万元重要。研究发现，在很多论坛上，一些企业家或者企业老板都在强调制度的重要性。事实上，制度的设定对于任何一个企业而言固然是重要的，但是，更加重要的是，企业从上到下都去严格执行制度，假如不去执行企业制度，让制度形同虚设，不仅使企业制度本身失去了制定的初衷，还使制度失去了严肃性，甚至更为严重的是，这样的企业离倒闭就不远了。

在《中国家族企业的危机》培训课上，一个学员非常困惑地向我提出了这样一个问题：由于企业内部管理层之间人员关系过于熟悉，管理层之间也几乎是无话不谈，甚至在日常工作中只要说得过去就行了，互相之间的监督也不会过于认真，然而，这样的情况导致的最直接也是最严重的后果就是企业制度形同虚设，甚至经常出现管理层或者员工在上班时间修剪指甲的现象，作为行政部总监，怎么办？

其实，这个学员的困惑是中国企业普遍存在的问题，这主要源于中国这个人情社会，不管大事还是小事，都偏爱讲情理。

当然，这样的弊端更容易使得制度形同虚设。研究发现，在很多企业中，一些企业家或者老板在自己主管的企业，根本不把制度当回事，甚至他们会认为，企业是他们的，他们的话就是制度，把制度当作可有可无的东西。

深圳 P 公司邀请我去讲《家族企业长盛不衰的秘诀》。当我进驻 P 公司，我就发现这样一个现象，公司制定了一整套严格规范的管理制度，规定如下：

第一，上班迟到一次罚款 50 元，并扣发当日工资；

第二，在公司上班期间，所有员工必须佩戴公司工作牌，凡不佩戴者给予通报批评，并扣发当日工资；

第三，一个月连续迟到三次者开除。

……

该管理制度颁布后，由行政部按制度规定执行，处罚凡有不戴工作牌和上班迟到的员工。

当制度颁布一周后，公司采购部经理上班迟到 2 分钟，同时又没有戴工作牌，行政部经理要按制度规定对采购部经理进行处罚。

采购部经理却拒绝缴纳罚款，并坦言说："我今天迟到 2 分钟，主要是因为昨晚为公司加班到凌晨 2 点，不应该被处罚；同时，工作牌没有戴是因为刚刚到办公室继续处理昨晚没有做完的采购方案，所以也不该处罚。"

于是，行政部经理和采购部经理就争执了起来。行政部经理表示："公司目前并未有'头天晚上加班第二天早上就可以迟到'的正式规定，况且，其他部门很多员工也经常夜晚加班，第二天早上并未迟到；再则，制度上没有规定如果早上由于工作太多而忘了戴工作牌可以免予处罚，因为公司每个部门早上的工作都很忙。"

采购部经理听完行政部经理的解释之后，陈述了对这种观点的不同意见，并表示要罢工一天，当即与采购部另 5 位采购员离开公司。

在P公司，采购部直属总经理分管，当总经理出差回来后，行政部经理第一时间向总经理汇报采购部经理迟到和没有佩戴公司工作牌的事情，并坚持让总经理对采购部经理按照制度规定进行处罚。

一刻钟后，采购部经理到总经理办公室向总经理汇报了其迟到和没有佩戴工作牌的事情，并指出自己行为的合理性和公司制度的不合理性。

当天下午下班时，行政部经理再次到总经理办公室询问该事情的处理意见时，总经理的意见如下：

第一，采购部经理为了公司发展加班到凌晨2点，主要是为了制定更加合理的采购方案。采购部经理正在与几个重要供应商谈判签约事宜，如果现在就按制度严格执行，万一把采购部经理惹急了，提出辞职就无人能够代替他的工作，必然会影响正常的采购业务。

第二，采购部经理迟到和没有佩戴工作牌的事情留待以后处理，以免激化矛盾。

第三，今晚7点，在酒楼宴请采购部经理与行政部经理，目的是化解他们之间的误会。

第四，采购部经理能力很强，但个性也很强，容易与人发生冲突，容易出现情绪化，因此必须照顾有个性的员工。

第五，行政部经理在处理采购部经理迟到和没有佩戴工作牌的事情上也过于简单，对于某些特殊人物不能够像对待普通员工那样。

　　几个月过去，总经理压根也没有处罚采购部经理的意思。此事也就不了了之，没有任何结论。

　　然而，行政部经理的工作可就不好办了，当再按制度规定对违规员工进行处罚时，行政部经理听到员工们说得最多的话就是"你就只敢处罚我，你有本事去处罚采购部经理"。

　　员工的话搞得行政部经理非常尴尬，有时被问得哑口无言。从此以后，P公司考勤制度的执行力度大为下降，上班迟到、不佩戴工作牌的事情经常发生。结果就使得公司管理混乱不堪。

　　一些企业，特别是中小企业，在发展初期企业制度制定得不完善，或者就不执行。因此，才会出现上述案例中的问题。

　　反观上述案例，这种企业管理现象在很多企业中都普遍存在。作为公司的总经理，不管是采购经理还是自己迟到，都必须严肃处理，按照公司的规章制度进行处罚，但是也必须要照顾好采购经理，毕竟他是加班到深夜才迟到的。

　　上述案例出现的问题，说明该企业处于一个高速发展的创业阶段。研究发现，在这个高速发展的创业阶段，企业往往没有制定严苛的制度，同时也没有必要制定如此多的条条框框，摆在该企业面前最主要的任务是怎样将企业做强做大，让企业能够站住脚。在这样的背景下，企业制度仅仅是为了规范发展而已。

　　当然，当企业发展到一定规模，如果企业仍然依靠口头式管理，而没有制定相应的制度或者不严格执行制度肯定是不行的，最后导致令出多门，员工不知道该如何干、干到何种程度，执行力自然跟不上，工作效率就不行，竞争力无疑就下滑，倒闭也不过是迟早的问题。

面对如此问题，在《赢在中国》第二赛季晋级篇第六场中，史玉柱告诫创业者薛浩岩："完善现代公司制度的价值远远比眼前的几十万元重要。"

薛浩岩时任一家针对企业提供网络视频广告服务的互联网公司总经理。他的参赛项目是建立网络视频广告资助平台，给中小企业提供视频广告的一站式服务。

在这里，我们先来看看史玉柱与薛浩岩对话的现场回放：

> 史玉柱：若一员工无意中损坏公司物品，按规定需赔偿10万元，而他本人无赔偿能力，你怎么办？
>
> 薛浩岩：没有规矩不成方圆。我私下里会和他谈，因他是无意中损坏的，钱我可以帮他先垫付，但名义上还是他赔偿，处罚的还是他。同时告诉他，只限我和他两人知道。

在公司治理上，史玉柱非常认可薛浩岩的做法。他对薛浩岩关于公司制度的评价非常高。

史玉柱点评说："管理无情人有情，我很同意你的观点。我们不能把人情看得比制度更重要。一个合理完善的现代公司制度，它的价值要远远比眼前的几十万块钱重要，这是一个优秀的现代企业必须具备的素质。如果我们靠人情来管理一个企业，那这个企业离破产就不远了。人可以有情，但制度必须是无情的。这个问题，换成是我，我会这样处理：首先判断这个员工对公司的贡献大不大，重要程度如何，如果不重要就开除，让公司员工认识到制度的严肃性和管理的无情；如果这个人很重要，公司离不开他，那么我私下可以借钱给他，让他赔偿，但我绝对会照章处罚，否则对公司造成的损失将不能用金钱来衡量，因为一个公司最大的财富和价值宝藏就是制度，不能被损坏了。我以前心肠特别软，有一次柳传志跟我谈，他说他们公司规定，开会的时候迟到是要罚站的，迟到多长时间，就罚站多长时间。有一次，本来约定8点开会，结果突然市领导找他谈话，等回来参加会就晚了，按一般情况来说，柳传志也是因为公司很重要的事才来晚了，可以不罚站，但他仍然坚持罚站，直到时间到了，他才坐下。这个例子对我触动很深，一个公司的规矩太重要了，谁都无权破坏，管理必须无情。最后谈谈对你的项目的认识，我还是提一些建议。第一，找到中小企业客户，比你想象的要难，尽管他们为数众多，但是找到他们，你要花很大成本，我建议你在这上面好好动动脑筋，争取能有大突破。看你的资料，你曾经失败过两次，但你解释时，主要还是说外部原因，没有在自身方面挖掘过，我觉得任何一个失败，无论有再大的客观原因，主观原因都是决定性因素，内因决定外因。还有一点，我觉得你对自己有点宽容，一个人要尽量对自己要求严点。我的企业文化第一条就是严于律己、宽以待人。只有这样才能提高自己，也只有这样公司内外才能和谐。"

忠告 40：纽交所的规则非常严，这和我们做百年老店的战略是相符的

在史玉柱看来，企业上市不仅仅是为了融资，更是为了管理更加规范。他说道："从企业安全的角度出发，企业也应该上市。如果我们回头看看，在这个行业里，很多企业已经下去了，而且下去就起不来了，但上市公司抗波折的能力就高得多。在资本市场的支持下，企业有了强大的融资能力，抗风险能力自然会大大改善。"

在史玉柱看来，上市是为了将企业打造成为百年老店。史玉柱解释说道："上市逼你走稳，公司管理将进入更为规范的阶段，以前是我一个人说了算，后来是公司的办公会议做决定，现在有了独立董事，管理会更加规范。上市通过法律等各种手段形成制约，相对来说做出错误决策的可能性大大减小，董事会、股东大会等在组织安排上又多加了几道保护。"

反观诸多中国企业，很多企业为了上市，不惜财务造假。史玉柱对这样的做法非常厌恶和反感。

1996 年，云南绿大地生物科技股份有限公司的创办者和董事长何学葵从云南小城河口一个小花店起步，短短 5 年时间，她经营的小花店很快发展成了总资产上亿元的大型民营企业。

当时，何学葵大胆决定和科研部门合作，很快取得了较

好的效果，没过多久就培育出了 20 多个新品种花卉，从而建成了云南省境内最大的种苗培育基地，她培育的花卉产品得到了中外经销商的认可，甚至还出口海外。

当何学葵的事业正蒸蒸日上的时候，她抓住了 1999 年昆明世博会这个巨大的商机，巧妙地签订了多项绿化工程项目的合同，这为绿大地生物科技股份公司就此成为云南园艺和绿化行业的龙头企业打下了坚实的基础。

《圣经》说，大多数人都会选择走"宽门"，因为这是最好走的路，也是通向地狱的路；只有极少数人才会选择"窄门"，那里通向天堂，只有这些人才会走进天堂。这个道理对何学葵来说，同样适用，何学葵如果脚踏实地地经营下去，绿大地必然有一个美好的未来。但是她不满足于这样稳健的发展路径，追求的是跨越式的发展，希望绿大地能够在短时间内迅速做大。

于是，她产生了把绿大地包装上市，通过上市融资的方式来快速扩张的想法。

当时，何学葵正好接触到了几位资本运作的资深专家。资深专家给何学葵介绍了有关资本市场翻手为云、覆手为雨的种种传奇，这就促进了何学葵想快速做大绿大地并尽快上市的进程，当然，何学葵强烈的上市欲望和冲动也为日后造假上市埋下了伏笔。她的战略就是绿大地有条件要上市，没有条件也必须创造条件使绿大地上市。

当然，要想上市必须达到上市的标准。然而，按照绿大地当时的情况，肯定是达不到上市的标准的，绿大地上市只不过是何学葵的一个梦想而已。

何况让绿大地上市这并不是何学葵的专长。要实现绿大地上市，何学葵就必须聘请相应的管理人才，而这个人才就是曾经就职于贵州财经学院和云南省审计厅的蒋凯西。

何学葵制定了绿大地上市的目标后，为了让蒋凯西帮自己实现绿大地的上市梦，她拿出了一部分原始股权给蒋凯西，同时在2000年前后，聘请蒋凯西担任绿大地的董事和财务总监。

蒋凯西的加盟，加快了绿大地上市的步伐。蒋凯西为了更快让绿大地上市，向何学葵推荐了上市资深专家庞明星。

可以说，庞明星是一位名副其实的上市专家。庞明星在2003年加盟绿大地之前，已经帮助中国10多家企业做过上市了，对上市的流程了如指掌。

而后，为了能达到上市的标准，绿大地董事长何学葵、财务总监蒋凯西、财务顾问庞明星、出纳赵海丽负责在账本上虚增业绩，而采购中心主任赵海燕负责在客户上做文章。就这样，绿大地这辆造假的马车开始在上市的路途上狂奔了，主要有3步，见表11-1。

表11-1　绿大地上市的3个步骤

（1）修改公司名称	把绿大地公司的名称加入生物科技的字样，以迎合市场和投资人的喜好
（2）注册一批由绿大地实际控制的公司	注册了一批由绿大地实际控制的公司，利用其掌控的银行账户，操控资金流转
（3）达到上市的条件	伪造合同、发票和工商登记资料，虚构交易业务，虚增资产，虚增收入以达到上市的条件

事后的稽查发现，经过这样的三步后，在绿大地上市前后，绿大地虚增资产 3.37 亿元，虚增收入 5.47 亿元，个别的资产竟然被虚增了 18 倍之多。绿大地上市的过程中经历过一些小小的波折，即在 2006 年 10 月，绿大地的第一次上市失败。对此，何学葵认为："发行股票没有审核通过的原因，主要就是关于市场调研运行，还有市场前景的问题，大量募集资金投向与经营问题。"

但是，在何学葵"绿大地有条件要上市，没有条件也必须创造条件使绿大地上市"的指导方向下，蒋凯西、庞明星等人最终还真把绿大地给鼓捣上市了，即在 2007 年 12 月 21 日，绿大地终于成功地登陆了中小企业板，募集资金 3.46 亿元。绿大地成为当时 A 股唯一一家绿化行业的上市公司，也成为云南省第一家民营上市公司。

就在上市挂牌的第一天，绿大地的股价一路高涨，市值上涨了 178%，最高时涨到了每股近 64 元，而作为绿大地创办者和董事长的何学葵，一度拥有超过了 27 亿元的资产。

2009 年，在资本市场上凯旋的何学葵就跻身胡润富豪榜，成为媒体和地方政府关注的云南女首富。但此时，在资本市场上狂奔的绿大地已经踏上了一条没有归家的路。

为了达到上市公司的要求，何学葵等人通过造假堆出了虚假的繁荣。为了避免资金链断裂的危险，绿大地在 2009 年 8 月提出了增发申请。

然而，让何学葵没有想到的是，正是 2009 年 8 月提出的增发申请，让监管部门发现了绿大地造假上市问题，最终导致了整个骗局的败露。

2011年12月，昆明市官渡区法院做出了判决：绿大地公司构成欺诈发行股票罪，判处罚金400万元；原董事长何学葵判处有期徒刑三年，缓刑四年；其他几位被告也分别被判处二到四年的缓刑。

那次判决之后，何学葵并没有上诉。但是昆明市检察院却提出了抗诉，认为判罚太轻，这才有了2012年5月7日，在昆明市中级人民法院的第二次审判。这一次，检方又对何学葵等被告，提出了违规披露重要信息罪、伪造金融票证罪和故意销毁会计凭证罪等三项指控。其中伪造金融票证罪最高的刑罚是无期徒刑。为此，中国新时代的云南女首富就这样悄然地谢幕了。

在本案例中，何学葵为了上市，不惜造假，最终为自己的行为付出了代价。客观地说，何学葵是中国女企业家中一颗非常耀眼的奇葩。

1990年7月，何学葵毕业于云南财贸学院商业经济系，其后相继担任了云南省路达公司财务经理、云南省卫生厅升龙公司业务经理、昆明五华经贸公司总经理等职务；1996年6月，何学葵联合其他股东组建了云南河口绿大地实业有限责任公司，任总经理，并于2001年3月公司整体变更为云南绿大地生物科技股份有限公司，后担任董事长至2011年3月18日。

短短数年间，何学葵把一个仅有20万元流动资金、5名员工的小花店发展成一个注册资本为4400多万元、总资产上亿元、拥有250多名员工的大型股份制企业。

这样的经营业绩说明何学葵是一位不可多得的精英人才，何况她是一位女企业家。对此，中国证监会稽查大队稽查人员小刘在接受采访时谈道："公司就踏踏实实做工程，做苗木工程，做绿化，也能发展壮大，估计还可以，但是规模可能不会像现在虚假这么大。"

当何学葵造假上市的事件被媒体披露后，有媒体公然把绿大地称为"银广夏第二"。因为这两家公司上市的方法非常雷同，两家公司都是农业股，都是虚增利润，业绩造假。

何学葵"绿大地有条件要上市，没有条件也必须创造条件使绿大地上市"的做法警示我们，尽管上市圈钱融资对于任何一个企业来说都具有非常大的诱惑力，但是企业老板一旦不计成本，盲目跟风，甚至造假上市，这都可能为之付出惨重的代价。

就像上述案例中绿大地的创始人何学葵一样，不仅失去了实现自我价值的机会，而且连自己的前途也没有了，实在令人惋惜。

在一些创业者看来，创业的最终目的就是上市。其实，在史玉柱看来，这样的观点是不全面的。他认为，上市其实是为了管理更加规范。

北京时间 2007 年 11 月 1 日晚上九点半，时任巨人网络公司董事局主席兼首席执行官的史玉柱在美国纽约证券交易所敲响上市钟，这钟声宣告巨人网络在美国成功上市。

史玉柱在接受媒体采访时表示，成功上市后的巨人网络市值已高达 50 多亿美元，超过盛大（市值 27.6 亿美元），成为中国市值最高的网络游戏公司。同时，上市还造就了 21 个亿万富翁、186 个千万和百万富翁。

不仅如此，巨人网络的上市，标志着中国本土网游的成功，标志着中国网游得到了世界的认可。据 IDC（互联网数据中心）公布的数据，中国网络游戏行业最近几年一直高速增长。2006年，中国网络游戏营收为815亿美元，比2005年增长了735%。IDC预计，2011年中国网络游戏营收将达到30亿美元，相当于2006年至2011年期间，中国网络游戏营收将保持302%的年均增长速度。[①]

面对媒体的采访，东山再起的史玉柱表示，此次赴美上市，有着自己的考量，特别是此次巨人上市选择的是最为严格的美国纽约证券交易所。

史玉柱解释说："纽交所是全球规模最大、历史最悠久的交易所之一，它的规则非常严，这和我们做百年老店的战略是相符的。如果选择内地或香港上市，融资会更多一点，但想来想去还是来纽交所。在纽交所募集资金10个多亿，我们觉得已经不错了。"

其实，史玉柱赴美上市，其目的有三，见表11-2。

表11-2　史玉柱赴美上市的三个目的

（1）提升巨人的抗风险能力	在史玉柱看来，赴美上市更多的考虑依然是提升巨人的抗风险能力问题。他在接受采访时坦言："企业大了，第一位的便不是利润，而是企业的安全。"因此，赴美上市就是为了提升巨人抗风险的能力
（2）管理规范化	要想使得巨人更加安全地生存下去，就必须去最为严格的美国纽约证券交易所上市，这样更能促进企业管理规范化
（3）改变公众看法	赴美上市是为了改变公众的看法。由于史玉柱曾经失败过，这就使得公众对史玉柱创办的企业产生强烈的不信任感。他为了改变公众对自己的看法，其手段之一就是选择了较其他交易所更为严格的纽交所作为上市地点，成为首个登陆纽交所的中国网游股。史玉柱是这样解释的：上市把公司的规格提高了，在纽交所上市的公司从可信度等方面来说都是非常强的；要是跟一个公司做生意，上市的跟不上市的，肯定要相信上市公司；如果是在A股上市的和在香港上市的，可能更相信香港的，在香港和在纽约上市的，肯定更相信纽约的，竞争力也会更高一些，一下子把自己拿到国际资本市场上；如果我们在A股上市能发行3倍或4倍的钱，但是我们觉得如果想做百年老店的话，还是来这里意义更大一些

---

① 杨连柱.史玉柱如是说——中国顶级CEO的商道真经[M].北京：中国经济出版社，2008.

对于史玉柱而言，赴美上市不仅是融资，更多的是让巨人这个企业更加规范，因为巨人凝聚着史玉柱的记忆和情感。

2007年10月12日晚，美国证券交易委员会的官方网站上出现了巨人网络集团有限公司（以下简称"巨人网络"）的招股说明书。

该招股说明书显示，巨人网络是上海征途网络的控股公司，它将把征途旗下的网游产品打包赴纽交所上市。

可能读者会问，史玉柱为何把这个企业叫巨人呢？史玉柱是这样解释的：为了去纽交所上市，他于2006年7月在开曼群岛注册了巨人网络科技有限公司。2007年6月，更名为巨人网络集团。

从这更名来看，巨人已经融进史玉柱的血液里。赴美上市就是为了更好地提升巨人的抗风险能力，从而打造成百年基业。

史玉柱说："因为很规范，所以正式启动上市到美国挂牌只用了三个月时间。去年就在美国纽交所把它上市了。刚上市的时候时机是最好的，现在我们跌破行情价了，真是不好意思。但当时的美国股市是很牛的，那个时候就值那么多钱，因为美国是大牛市，当时中国股指也跌了一半，拦腰砍了一半，我们还没拦腰砍一半，我们只跌了1/3。上市之后，我们募集了10.45亿美元，当然有部分是我个人的公司卖的老股，上市公司募集了8亿多美元回来。然后再加上每个月还有1亿美元的利润，所以这个公司账上的现金很多，我们花了之后还有6亿多美元现金。一上市，我们这个团队就共同致富了，当时我逼着他们买这个股份的时候，他们很不情愿，而当时1块钱人民币到我们上市的时候已经折合成700多块钱了。所以当时有人花了50万元买的，现在也是上亿的身价了。所以公司一上市，我们公司身价上亿元的有21个。"

忠告 41：脚踏实地的人，一定比那些把头仰得高高、自认为不得了的，更容易成功

在很多创业论坛上，一些企业家时刻都在提跨越式发展，尤其是很多创业者，每天都在思考怎么实现跨越式发展。似乎只有跨越式发展才是这个时代的发展主流。

这就使得"脚踏实地"成为一个阻碍企业发展的代名词。在史玉柱看来，这样的做法是不可取的。史玉柱认为，只有脚踏实地地做好企业的核心业务，随着核心业务的不断发展和壮大，企业才有可能实现跨越式发展。

针对许多创业者盲目追求速度，"10年了，我和团队没有犯过一个战略性错误，只是比10年前的巨人集团更加务实，"2007年，史玉柱在接受记者采访时曾说，"1997年摔过以后，我相信我和团队比以前更务实。务不务实，结果说了算。"

事实证明，正是史玉柱的务实才赢得了二次创业的成功。在史玉柱的创业中，结果说明了一切问题。他坦言："创业初期也在想为什么要创业，其实我的想法也挺庸俗，就想赚钱，过一点富裕的生活。"

其实，像史玉柱有这样创业想法的人比比皆是。因为改变现状，想过富裕一点的生活激起了一些创业者的创业热情，这样的创业想法非常正常。而史玉柱笑称："当时可能赚钱速度来得太快了，迅速越过这个阶段；现在看来，金钱就是一个数字，它是衡量你事业成功的指标。"

显然，史玉柱不仅创造了巨额的金钱财富，而且还打造了一个坚

强的高绩效团队，在巨人集团烙下了非常明显的"史式"经营风格。比如：在巨人高管团队刘伟、纪学锋、丁国强的描述中，重视团队执行力、关注用户习惯、同时期只聚焦一个项目等，已经成为重要的"史氏遗产"。

史玉柱的做法有点像电视剧《亮剑》中的独立团团长李云龙。事实证明，一支具有优良传统的部队，往往具有培养英雄的土壤，英雄或是优秀军人的出现，往往是以集体形式出现而不是以个体形式出现，理由很简单，他们受到同样传统的影响，养成了同样的性格和气质。例如，第二次世界大战期间，苏联空军第十六航空团，P-39飞蛇战斗机大队，竟产生了20名获得"苏联英雄"称号的王牌飞行员；与此同时，苏联空军某部施吴德飞行中队产生了21名获得"苏联英雄"称号的模范飞行员。任何一支部队都有自己的传统，传统是什么？传统是一种性格，是一种气质，这种传统和性格是由这支部队组建时首任军事首长的性格和气质决定的，他给这支部队注入了灵魂，从此，不管岁月流逝，人员更迭，这支部队灵魂永在！

不管什么行业，一定要充分了解目标消费群。可以说，史玉柱能东山再起，离不开他充分了解目标消费群。遭遇失败后，史玉柱凭借脑白金东山再起。他回忆说，在脑白金研发前，巨人集团就曾花费了4个月的时间专门调查。

作为船长的史玉柱在湖北省武汉市一个公园里坐了一下午。在这期间，史玉柱"就是看老太太、老大爷们下棋"。

史玉柱看看老人下棋的目的就是"了解他们想什么"。而这些下棋的老人家告诉史玉柱："保健品也要吃，但是自己舍不得买，如果子女送了就吃。"

　　史玉柱为此提炼了"今年过节不收礼，收礼只收脑白金"的广告词。于是，每逢中秋、春节，电视上都出现了买脑白金送爸妈的送礼广告。正是因为史玉柱深入的调查和脚踏实地的营销，脑白金取得了意想不到的成功。

　　同样，在决定进军网游行业之前，史玉柱曾整夜泡在游戏中，寻找吸引玩家投入时间和金钱的诀窍。2006年，网络游戏《征途》上线新闻发布会上，史玉柱冲着台下喊："我是一个老玩家，20多年前，就在玩游戏。我懂游戏。"在此后的《征途2》以及新上线的《仙侠世界》中，类似寻找用户体验的行为也做得淋漓尽致。①

　　"史总投资民生银行，会从董事会成员一直调查到地方支行行长、副行长甚至基层储蓄员，每次出差到一个新地方都会去考察当地的民生银行，"刘伟说，"史总并不擅长语言表达，他的创业经验并不会一套一套地给你讲；但在与他的合作中，一定会从实际工作中明白。"

　　巧合的是，问及有何重要经验可以告诫年轻创业者时，史玉柱也脱口而出："脚踏实地。"

---

① 黄远.巨人史玉柱"遗产"：告诫青年创业者脚踏实地[N].第一财经日报，2013-04-12.

忠告 42：企业管理手册内容越详细越好，像傻瓜相机一样，小学毕业生都会用

大量事实证明，创业公司的倒闭，大多数是因为管理不善。

在《赢在中国》第二赛季晋级篇第四场中，作为评委的史玉柱在点评创业选手贾豫时称，企业治理手册要做成"傻瓜版"。贾豫是一家汽车服务用品公司总经理，他的参赛项目是建立汽车用品和服务的连锁机构，提供优质、方便、快捷的汽车用品和服务。

在这里，我们来回顾一下当时的现场简况：

史玉柱：你的连锁机构里，有汽车用品消费店和汽车生活馆，两者区别是什么？

贾豫：消费店一般提供汽车用品，而生活馆提供很多服务，比如你出去玩的时候，可把 GPS（全球定位系统）租给你，若是会员，汽车毛垫座套可以免费给你洗。

史玉柱：听说你有四个团队，你和他们之间有没有亲属关系？

贾豫：没有。

史玉柱：没有亲戚在公司里？

贾豫：没有，我所有的亲戚朋友都不能在公司里，这是我给自己定的最重要的一条规矩。

史玉柱：公司股权如何分配？

贾豫：我一个人持股。

史玉柱：你如何找目标消费群，打广告、发传单还是口碑？

贾豫：我用店面选址和店面风格来处理这一问题。我把店巧妙地设在大商场或购物中心的停车场出入口处，很显眼。同时，风格布置是年轻的私家车主喜欢的风格，一眼就很有吸引力。另外，我们跟各地的车友会联系，扩大影响。

史玉柱：在你销售额里，自营点直接销售和代理商销售的，各占多少？

贾豫：自营点占72%，代理商占28%。

史玉柱：你对全国的加盟连锁店如何管理？

贾豫：一是货品统一采购；二是每天销售报表和报价都要上报回传，以方便掌握货品的流量、损耗、库存；三是店长由总部直派。

史玉柱：刚派出去是可靠，天高皇帝远，半年下来可能不可靠了。

贾豫：总部通过考核招店长，而且有押金、证件之类，我们每天都要看他的销售额，如果感觉有偏差，会马上派人去调查。

史玉柱：举例，我是你的店长，某一个牌子的坐垫，本来必须从你那儿进，但现在我个人掏钱买来，然后通过你的店卖出去，你怎么办？

贾豫：每个店面五到六人，相互有监督制约。

史玉柱：我相信你现在还没有这种制度，发展到一定程度，这种情况将无法避免，你要在制度设计上堵住这个漏洞，这方面的管理是很难的。还有一个问题，你有没有管理手册？

贾豫：有。

史玉柱：分哪几大部分内容？

贾豫：岗位职责、服务流程、承诺。

史玉柱：太简单了吧？

贾豫：小店设计不是很完善。

史玉柱：企业还没有提出企业文化吧？

贾豫：说句实话，小公司有小公司的活法。

史玉柱：可以理解。

贾豫：您提出的这些问题，我们一般通过内部培训来解决。比如新招一个人员，管人事、管市场的老总会亲自培训，所有新员工必须在总部工作一年以上再派出去；此外，还不定期进行销售营销、商品营销等方面的培训。

史玉柱：团队的人经常在一块吗？

贾豫：经常在一起。

史玉柱：喝酒吗？

贾豫：喝，虽然我不太能喝。

史玉柱：现在利润率如何？

贾豫：毛利率72%，净利润50%左右。

史玉柱：店长中出现坏人没有？

贾豫：暂时还没有。

史玉柱：你运气真好。

贾豫：这点我们招人时就注意观察了，说句实话，闹情绪的人总是有的，但没有一个不是在尽职尽责地干活的，而且做店长，对他们是一种激励，也是一个重大的责任，他们很愿意做好。

史玉柱：如果你的一个骨干，或者是核心骨干，向你辞职了，你的态度是什么？会对他说些什么？

贾豫：首先我一定会跟他畅谈，问明辞职的原因。对我来说，骨干就是我的兄弟，我希望他们都不要离开我。如果是公司的原因造成他辞职，说出来，我们改。如果是别的困难，大家共同帮他解决。对我个人有意见，非常欢迎他说出来，我也改。我会努力留住这个兄弟。

史玉柱：在公司过去错误的决策中，你自己占的比重有多大？

贾豫：3% 左右。

为此，史玉柱点评道："你一人持股，我非常赞同。公司小的时候，比如兄弟四人，一人四分之一，不会有太大的问题，但公司一旦取得成功，90% 以上内部会出问题。所以对已经取得相当规模的公司来说，我建议考虑股权、期权或者其他方式，其他人以现金作为回报。

"我提两点建议。第一点，你的公司要有铁的纪律。根据你的介绍，我推断你的公司没有铁的纪律。铁的纪律对跨地区经营的连锁店来说尤其重要，缺少它，就不能在全国整一盘棋，就没有战斗力。第二点，手册问题。连锁店就是靠复制成功的商业模式，因此手册不可或缺。手册内容越详细越好，功能越全越好，但应使用方便，像傻瓜相机一样，小学毕业生都会用。就你的情况看，眼前，我觉得你缺一个营销手册。你的营销手册必须做到能让下岗工人或者是落榜青年，一步一步照着做下去就能成功。这本手册，应根据情况的变化不断充实完善，直到形成可以复制的'傻瓜版'。如果这样，你就有可能迅速成功。另外提醒你，从你的描述看，你周围的'雷锋'很多，这么多有创业激情的人跟着你，是好事，但也要注意情况变化，加以小心，认真处理可能产生的矛盾。"

第十二部分

做企业不能只靠营销成功

我分析中国的保健品，10个里面有9个是不赚钱的。为什么不赚钱？一个原因是，可能产品功效不明显，也可能有功效，但消费者可能感觉不到，那么就特别依赖广告。广告一打，销量就有；广告一停，销量就下。它的市场没法靠口碑去维持。

——巨人创始人 史玉柱

忠告43：有好的产品、好的广告、好的营销模式，市场自然就打开了

对于任何一个创业者来说，任何一款产品的推广，仅仅依靠营销是不够的，必须依托优质的产品作为基础。为此，史玉柱在接受媒体采访时说道："有好的产品，好的广告，好的营销模式，市场自然就打开了。"

回想当年，史玉柱创业的启动资金仅仅只有4000元。在他看来，创业初期一定要紧盯项目，对选中的项目要聚焦、聚焦、再聚焦，把自己的产品做到极致才行。史玉柱强调，创业者研发的产品，一定要有把自己感动的感觉才行，因为每个创业者都会过高估计自己的能力，很可能自己觉得还可以，但拿出去还不行，只有当把产品做到自己都被感动了才可以。

史玉柱告诫创业者："在创业初期最重要的不是资金，而是一个正确的商业模式，而具备决定性的是产品本身。如果有好的产品，政府自然会支持，银行也会贷款。创业者潜心把产品和商业模式做到极致，就已经成功了一大半。"因此，只有研发出极致的产品，加上有效的营销，这样的创业成功概率才会更高。

当然，在目前火热的互联网＋时代，当褚橙火爆之后，有些创业者过分迷信互联网营销，对此，北京大学光华管理学院组织管理学访问教授黄铁鹰就曾撰文指出："日本的马桶盖没做广告吧？为什么中国人坐着飞机去日本抢购马桶盖？互联网营销能解决中国马桶盖的问题吗？"黄铁鹰笃定："互联网解决不了土壤问题，解决不了食品安全质量问题，解决不了马桶盖的品质问题，我们现在最挠头的很多问题都不是互联网带来的，根本不是。"

在黄铁鹰看来，互联网营销仅仅是缩短褚橙与消费者的一个基本条件而已，关键的核心还是褚橙的优质产品。一旦产品不好，即使再好的营销手段也不会赢得消费者的认可。

反观褚橙的产品战略，为了提升褚橙的产品品质，褚时健还"一个月有三四次到树下，总要对着树说话"。从这个角度上分析，褚橙的热销不仅仅是在互联网营销上，同时褚时健也非常擅长用产品与市场对话。

在新中国的商业史上，许许多多的悲剧英雄在折戟后往往一蹶不振，而史玉柱却是一个例外。在中国，史玉柱不仅仅是一个传奇，在部分"营销为王"者眼中，史玉柱甚至被尊为"教父"。

不过，真实的史玉柱却是时刻将用户体验、产品高于一切等词汇挂在嘴边，反而把营销放在次要的位置。这与众人眼中的史玉柱形象截然相反。

当然，史玉柱这样的做法，源于其对消费者的深入研究。他在接受媒体采访时说："在低谷的时候，我曾经研究过市场问题。我分析中国的保健品，10个里面有9个是不赚钱的。为什么不赚钱？一个原因是，可能产品功效不明显，也可能有功效，但消费者可能感觉不到，那么就特别依赖广告。广告一打，销量就有；广告一停，销量就下。它的市场没法靠口碑去维持。"

在史玉柱的营销思想中，再出色的营销还必须有好的产品作为基础。然而，对于脑白金的持续热销，一些营销专家就认为，脑白金的销量全凭广告在起作用，是靠忽悠做起来的。

面对一些营销专家的质疑，史玉柱显然不认同这样的观点。他对那些来势汹汹的批评者说："骗消费者1年，有可能，骗消费者10年，不可能。"

史玉柱的观点还是很正确的，能够"欺骗"消费者10年，那必然是有良好的产品为基础。他坦言，脑白金能从众多的保健品牌中脱颖而出，巨额广告投入并非其唯一成功法门。

史玉柱在接受媒体采访时表示："保健品要成功，必须过三关：产品关、宣传关、管理关。这三关中最重要的是产品关。脑白金之所以会成功，是因为产品关过得很精彩。广告很重要，没有广告肯定不行，但产品是基础。"

的确，要想让一个产品热销，就必须要做好产品、宣传以及管理。做企业绝不能仅仅靠营销。

史玉柱的观点得到了一些媒体人的认可。他的创业成功历程就是一个个不断创新行动的联结，也是他传奇式成功最重要的原因。例如，脑黄金、脑白金和黄金搭档准确的产品市场定位，极富创意和人气响应的广告设计，《征途》网络游戏产品设计和销售模式中的诸多创新点，以及企业不断根据外部环境变化调整、开辟新业务领域，从最早的软件行业到保健品行业、再到资本市场投资，以及现在的网络游戏行业，都体现出一种极强的应变能力、学习能力和遗忘能力。一个企业如果具备核心能力但缺乏应变能力和遗忘能力，则可能陷入核心能力僵化陷阱而丧失竞争优势，这正是时下许多大型公司面临的创业难题。[①]

可以说，营销只是一个企业生存和发展的一个重要部分。早在珠海巨人集团时代，史玉柱在高歌猛进的多元化战略中就涉足医药领域。对此，还专门成立了一个药业事业部。

当时，医药事业部是"三大战役"的一个重要组成部分。不过，史玉柱涉足医药产业，有着不一样的考虑。他的理由是，中国医药产业应该有600亿元的市场规模。为了分到一杯羹，迅速抓住这个药品市场，巨人药业迅速推出了巨人治感冒、巨人止咳和巨人抗生素等产品。不过，巨人药业的表现并不好，仅仅运行了几个月就自动解散了。

史玉柱于是定下誓言："再决定搞保健品时，就定下一个原则：必须是有科技含量的，是真正有效的，这种效果不用依赖广告宣传，消费者自己就能感觉得到。"

脑白金恰恰符合史玉柱的要求。他说："做保键品，关键是手里要有好产品。当时，我手里掌握着充足的资料，在学术界，我们查过8000多篇论文，有7000多篇论文对它是充分肯定的，理论上站得住脚。更重要的是，保健品最怕别人吃过后说吃和不吃一个样，能让消费者服用之后马上有感觉的保健品本来就少，当时差不多有近10个类似的产品备选，选中它就是因为见效最快。"

之所以选择脑白金，是因为史玉柱认为脑白金是有科技含量的，是真正有效的，这种效果不用依赖广告宣传。

脑白金的主要成分英文名字为melatonin（美乐通宁），中文翻译成

---

① 张映红 . 史玉柱：创业精神缔造财富神话 [N]. 证券日报 – 创业周刊，2007–10–26.

人脑松果腺体素，也叫褪黑素，在生理条件下由脑内的松果体分泌，其分泌受生物钟调节，夜多昼少，具有一定的调节睡眠的作用。这种食品早在 1995 年就开始在美国流行。由于其具有改善睡眠，特别是不会使人在第二天昏昏沉沉的功效，因而受到人们的广泛关注。据脑白金的说明书显示，在脑白金口服液中还含有低聚糖、山楂、茯苓和水，在胶囊产品中，除褪黑素外还含有淀粉。

研究发现，史玉柱在研发脑白金这一产品之前，在中国就已经有多家保健品公司开始涉足这领域。不过，那些保健品公司只是单纯地为美国公司做产品销售代理。因而，在同一时期，这一类产品非常之多，但本质上没有多大差异。在激烈的市场竞争中，那些产品和公司迅速夭折。

不过，史玉柱在调研后发现，在中国，还没有一种产品既解决睡眠问题，又解决消化问题。当时的保健品市场上只有两类产品：一类是专门解决一部分人的睡眠问题；第二类是专门解决一部分人的消化问题。

于是，史玉柱打算推出既能让人睡得好，又能让人排泄顺畅的产品。这样肯定能赢得消费者的认可，这种产品的市场必定是广大的，因而史玉柱将目标锁定在这类产品上。

就这样，史玉柱在引进美国 melatonin 产品用于解决睡眠问题的同时，还专门研制出一种由化积消食通便的山楂与利尿除湿的茯苓等天然植物药物成分组成的中药口服液，并在产品层面上进行了组合创新——"口服液 + melatonin"，这便构成了一种新产品，并起了个好听、好记、通俗又高贵的名字，那就是"脑白金"。

据史玉柱介绍："到目前为止，我们总共就做了两个保健品，中国前三名保健品中，目前第一名是脑白金，第二名是黄金搭档。这两个产品边框产品少，但是在这个行业里边，我们大概相当于现在的第二名、第三名、第四名、第五名加起来的总和。

"脑白金这个产品做了 11 年，现在每年都在增长，去年比前年上升了 24%，今年上半年比去年上半年上升了 26%，它还在上升当中。这个一方面是产品有效，不是说做广告，因为没效的产品最多只能卖 3 年。有效的产品作为基础，然后营销团队配合，这样才能做得持久。人家阿司匹林能卖 100 多年，现在还在卖，是因为它有效果。"

忠告 44：史玉柱的成功并不仅仅在于其营销能力

在中国，史玉柱是一个极具争议的企业家。1992 年，在中国青年评选的最受崇敬人物中，史玉柱位居第二，第一名是比尔·盖茨。史玉柱时常被同行和社会舆论"拷问道德底线"。在做脑白金产品时，史玉柱把广告词"今年过节不收礼，收礼只收脑白金"做到了极致。

在中国，成千上万的人认为史玉柱的成功，都应该归功于其市场营销才能，并且逐步地变成了所有人的共识，比如：把还债行动搞得轰轰烈烈，在中国是家喻户晓。

让史玉柱没有想到的是，脑白金给人更深的印象是营销技巧而不是产品，人们甚至把他归类到营销高手中去了，反而把脑白金产品的形象给比下去了。

　　同时，由于保健品价格与产品功效不对等，夸大性的广告宣传，是目前中国保健品这一行业的一个重要特点。这也就意味着顾客购买前的期望满意度和购买后使用满意度不对等，即产品给顾客提供的价值和顾客期望的价值不对等，顾客不满意现象的出现也就成为必然。这样发展下去，顾客也就会逐渐丧失重复和持续购买的信心。也正是因为这个原因，众多的医药保健品迅速启动之后不久，产品便以同样的速度退出市场。

　　史玉柱的成功不能完全归结于其营销能力。脑白金"买大白菜式"的反复吆喝"今年过节不收礼，收礼只收脑白金"和人海销售战术只不过是当下保健品销售模式中最为典型的模式。脑白金宣传的成功只不过抓住了当前中国广告的一个特征：广告强化记忆比美轮美奂的广告创意更适合国情，并不能代表中国市场营销的最高水平。

　　研究发现，史玉柱的成功离不开其把握机会的能力和规范管理企业的能力（包括带队伍）。没有把握机会的能力和规范管理企业这两个能力作为前提，再好的营销能力都可能白费劲，因为方向错了，越努力营销就只能是南辕北辙。

　　第一，把握机会的能力。在他的创业经历中，我们很容易就看到了史玉柱的"精细和敏锐"能力。20世纪80年代末，史玉柱辞去公职，毅然下海。史玉柱在创业初期，就看准汉字桌面系统软件开发，20世纪90年代初期开发保健品市场，2003年将售出公司拳头保健品产品的知识产权及其营销网络75%的股权转而投资股票市场，2004年进军网络游戏……尽管这个过程中，史玉柱也有过失误和沉痛的教训，但是，在每一个经济发展时期，他似乎都抓住了熊彼特所说的"具有吸引力"

的产业，而且，善于将这些机会与企业资源有效地匹配起来，从而，为他未来的财富帝国找到立足的根基。[①]

第二，规范管理企业的能力（包括带队伍）。其实，史玉柱的规范管理企业的能力（包括带队伍）往往被大多数人忽视。在1997年史玉柱第一次失败前，他的管理能力存在巨大缺陷，尽管他的营销能力很强，但是还是失败了。东山再起的史玉柱在脑白金的管理上采取了很多创新的模式，比如分公司只负责做推广，不能接触款项等，以及主动采取制度来约束自己的行为，比如不能看公司股价等。在《赢在中国》栏目中史玉柱一次点评创业选手时建议说："企业的规范管理比发展速度还重要。"再比如史玉柱在点评创业选手时，给创业选手的建议是"人有情，管理要无情"。这句话其实就是西方制度化管理的精髓。

不可否认的是，营销能力只是促进了史玉柱的成功，绝不是唯一的因素。在做网络游戏时，史玉柱同时还将脑白金这种"好产品"的观念进行了延续。在史玉柱宣布进入网络游戏的两年之前，他就为大举进入网络游戏界做好了充分准备。在网络游戏《征途》的开发过程中，他也一直在以一个玩家的身份去发现各种问题。

2008年3月8日，在以公司名称命名的网游《巨人》的发布会现场，当媒体问及将用何种方式推广新作《巨人》这个问题时，史玉柱的回答非常直接："实际上我是不管宣传推广的，这一块由我们相应的部门负责。我也并不是很重视这一块，个人更感兴趣的还是研发。所以我更多的时间还是用来听玩家反馈的声音。"

[①] 张映红. 史玉柱：创业精神缔造财富神话 [N]. 证券日报 – 创业周刊，2007–10–26.

史玉柱通常只关注玩家，从不理会同行评价，下面是网易科技对史玉柱的专访：

网易科技：《征途》给巨人网络带来巨大成功的同时也引起同行的非议，我不知道您怎么看待这种非议？刚才在发布会上您提到《巨人》便宜，是不是与之前《征途》被指责诱导用户消费太高有关？

史玉柱：我们没有把同行评价看得太重，游戏贵还是便宜不看同行的说法而是看玩家反馈。前段时间有人指责《征途》人民币玩家虐待非人民币玩家，其实这款游戏中一点不消费的玩家也有七八万，这是遥遥领先的。同行的指责和事实差别是很大的，所以相对来说我们对同行不在乎，主要还是关注玩家的态度。因为竞争激烈导致玩家的选择很多，他们在选择一款游戏时，这款游戏价格贵不贵只是其中的一个指标。玩家首先考虑的指标是好不好玩，然后第二或第三个指标才是贵不贵，我们当初做这个决策是基于这个事实做的，同行对我们的评价以及议论往往不太关注。

网易科技：您亲身打造的《征途》取得了很大成功，但是仅一款游戏也会带来赢利模式单一的问题，《巨人》的发布能否解决这个问题？

史玉柱：这是可以解决的，一下子有两款游戏肯定比一款游戏对投资人来说感觉更好。我并不担心赢利模式，但是投资人担心，因为网络游戏在线人数一旦过40万之后，就不太可能会失败。盛大最主要的收入来源还是七年前的《传奇》，网易则依然还是《大话西游》。游戏公司一定要有一个拳头产品，并不是说一个公司产品越多赢利就越好。产品多的话，销售额肯定会很大，但是赢利不一定是最好的。《巨人》这款游戏在投资人眼中是非常认可的。

网易科技：史总，您觉得目前中国网游是处于什么样的阶段？

史玉柱：处在高速增长阶段。我觉得中国网游的研发和国外还是有差距的，网络游戏成功的三大因素就是：美术、程序和策划。我们和国外比起来，程序、美术上一点不弱，像我们的服务器技术在全球是领先的，3D（三维）客户端技术也是领先的。中国和国外比起来策划差距比较大，中国的网游策划还处于小作坊式阶段，是一个人去想，而国外的网游公司策划是有一套很规范很严格的管理，就像生产线一样，我们中国没有这样的规范管理。所以中国的策划水平跟国外差距还是很大的。

网易科技：那么，巨人网络在这方面有没有想什么办法来拉近同国外的差距？

史玉柱：首先，跟国外交流。《巨人》在研发过程中跟国外的同行有很多的交流，再一个，研究国外的产品，就是它已经做成精品的产品你一定要去研究。交流主要是交流策划的管理模式，研究是看对方的思路，只能通过这些方面去学习。①

---

① 史玉柱.史玉柱：做企业不能只靠营销成功[EB/OL].2016.http://tech.163.com/08/0310/00/46KO
P5K5000915BF.html.

史玉柱介绍说："我每天在网游中投入的时间在 15 小时以上，公司的日常管理均交由总裁刘伟负责，甚至高层会议也很少参加。"

在史玉柱看来，产品本身比营销更重要。与市场推广策略和公司战略相比，史玉柱本人也更愿意回答针对产品改进和玩家体验的问题。据《征途》项目负责人透露，史玉柱身兼主策划、最重要测试员、资深玩家数职。他经常在凌晨给同事打电话，只要发现一个小 BUG（缺陷），马上就得改。有些程序员忙到凌晨 4 点才回家，还没暖热被窝，就接到要求上线修改的命令。

史玉柱对产品的严格要求，使他对《征途》充满了信心。因而从 2007 年 1 月 19 日开始，史玉柱对《征途》在全国范围内进行"不是最好玩就赔人民币"的市场活动：

> 如果你认为《征途》玩法不是最丰富，请你删号我们赔钱。
>
> 如果你认为《征途》操作不是最便捷，请你删号我们赔钱。
>
> 如果你发现《征途》单区同时不足万人，请你删号我们赔钱。
>
> 如果有其他游戏比《征途》更好玩，请你删号我们赔钱。

"如果觉得《征途》不是最好玩的游戏，删号后我们就真金白银赔偿玩家人民币。"史玉柱向媒体公布了他的承诺。

史玉柱称，玩家的共同选择其实已经证实《征途》是最好玩的游戏。《征途》自 2006 年 4 月开始公测到 2007 年 5 月 20 日，仅用一年的时间就创造了同时在线人数 100 万的同类游戏最高纪录。

当谈及《魔兽世界》这个游戏时，史玉柱评价认为，"《魔兽世界》这款游戏由于文化差异，在全球能够打 80 分，可是在中国只能给 60 分"。

史玉柱的理由是，"网易的《梦幻西游》与巨人的《征途》人数远高于《魔兽世界》，并非游戏品质而是文化问题"。

史玉柱称："衡量一款游戏是否成功，可以从玩家的骂声中得到反馈。如果玩家连骂都不骂，只能说明这款游戏的失败。"

在史玉柱看来，中国网游企业需要不断提高自己的研发能力，未来网游只有依靠大制作的精品战略才能取得成功。

史玉柱说："比如说《魔兽世界》，研发就用了 8 年时间，《魔兽争霸》8 年前就已经做出来了，后来不断改进后推出《魔兽世界》，并得到了大家的认可。世界上研发实力最强的队伍用 8 年时间来做一款游戏，这也是为什么暴雪是最强的游戏公司的原因。因为他们一直走精品路线。"

忠告 45：营销驱动型公司，老板要亲自抓营销

在一些合伙制的创业型公司中，一旦发展到一定规模最终都会分道扬镳，其中一个非常重要的因素就是老板没有亲自抓营销，结果使得初创企业快速滑落，教训非常惨痛。

对此，史玉柱在公开场合告诫创业者要亲自抓营销，特别是营销驱动型公司，老板更要亲自抓营销。

史玉柱说："我觉得老板必须自己抓营销，必须自己抓广告。如果老板自己不亲自抓，这个公司一般没戏。因为老板亲自抓营销，就意味着这个公司的命脉是掌握在他手里了，其实比他掌握着资本还重要。对于营销驱动型的公司，营销就是舵，他作为一把手自己都不去管这个方向，管这个最重要的舵，那这个公司很容易出错。

"像网络游戏，我就亲自抓研发，也就是产品，产品的体验，这个也很重要。大家一看我抓，所以整个研发团队，就特别注重这块，去开发个新功能，特别注重消费者的感受。广告也是，我一抓，全国的骨干、分公司经理、总部的人，就每天自己也在那琢磨广告的事和消费者的事。老板亲自抓，更大的作用是整个公司的资源、人力、财力、物力都会往那个方向去。"

在史玉柱看来，作为老板，不仅要亲自抓营销，一把手还必须抓细节。可能读者会问，为什么一把手要抓细节呢？

史玉柱是这样回答这个问题的："第一，细节太重要了，尤其是关键环节的细节。一把手抓细节，可以有效地减少项目所承担的风险。第二，模范带头作用。如果一把手'马大哈'，下面的人也会和你一样，那这个项目就完了。一把手要抓细节，能让细节落实到行动中来。"

史玉柱还回忆说：

"回顾我20年的下海生涯，也有上坡和下坡。恰恰这20年里有三个时期我是抓细节，自己亲自干的。

"第一次是1989年，没钱没人，公司产品100%的代码都是我自己写的，所有的广告都是我自己写的，每个标点，每个字，每个设计都是我干的。

"到1992年，公司已经有了十几个研发人员，公司的产品六成的代码还是我自己写的。为了提高效率，凡是使用效率高的，重要的都加入统计，全部使用汇编来写。这个阶段，我们公司从零到了几百人的规模。

"第二次是1997年，我们公司失败了，我又放下了架子。每个广告文案全部我自己写，管理手册全自己写。所有分公司直接向我汇报工作，全体员工没有经过我的脑白金产品测试不能上岗。包括跑市场，70多个城市，跑终端，没有上万，但绝对不低于5000，那时至少3年的时间就是抓细节。

"第三次就是我接手巨人网络的时期。正因为我不懂网游，所以我才抓细节。我每天待游戏里的十几个小时，就是在观察细节，虽然我不能解决，但我可以观察。

"回顾这20多年的历史，也只有这三个时期是上升的，其他时期要么是平稳，要么是小进步。"①

---

① 史玉柱.史玉柱心得：一把手要抓细节 [EB/OL].2016.http://finance.sina.com.cn/zl/lifestyle/2013
0701/105515973145.shtml.

忠告 46：既然在时间上没有多少优势，当务之急是把你的核心产品搞出来

众所周知，对于任何一个企业来说，即使拥有完整的营销体系，也必须把优质的产品作为首位。即使像褚橙这样有故事和互联网营销的产品，也同样如此，一旦没有优质产品作为支撑，一切都无从谈起。

在《赢在中国》第三赛季晋级篇第三场中，作为评委的史玉柱告诫创业选手刑元蓬，除企业竞争力之外，要有独特优势。刑元蓬是一家家具公司总经理，他的参赛项目是："打造中国沙发行业的知名连锁品牌。公司对加盟商进行标准化管理、保姆式服务和销售额分成。公司开发的沙发平板化的包装方式降低了运费。2008 年公司销售额达到5000 万元。"

在这里，我们来回顾一下当时的现场简况：

史玉柱：你企业的核心竞争力在哪儿？

刑元蓬：差异化经营。

史玉柱：差异化经营，我想你们同行也有啊？

刑元蓬：没有，因为沙发行业很特殊，比如从广州发一套沙发到北京，运费最少是 500 元到 600 元，这么高的成本导致二三线市场下不去。而我们，就是在二三线市场做专卖店，而且全部都是自己在做，成本相对低。

史玉柱：你个人的长处在哪儿？

刑元蓬：我是一个很聪明的人。

史玉柱：不是天才？

刑元蓬：不是。天才是您。

史玉柱：你的核心团队有几个人？

刑元蓬：我们销售的核心团队是四个人。

史玉柱：他们跟你的合作关系是怎么样的？

刑元蓬：雇佣，没有股份。

史玉柱：你认为你这个项目是"红海"还是"蓝海"？

刑元蓬：我也不知道算什么海，但我们可以现场做个调查，有几个人能够说出，在二三线市场的三个以上的沙发品牌？请举手。

史玉柱：你应该反过来问。

刑元蓬：我想你们可能一个沙发品牌都不知道。

史玉柱点评说道："根据你的情况，我觉得在二三线城市，你眼下的确有优势。但对沙发行业来说，你这个优势很多沙发企业都已经或正在认识到。你最多比别人早认识半年、一年，但绝对不是五年、十年。这是你要认真考虑的，实际上留给你的时间并不是很多。既然在时间上没有多少优势，那你当务之急，是把你的核心竞争力搞出来。在产品战略、经营战略上都要尽快搞出自己的独特优势，否则机会稍纵即逝，日子转瞬就不好过，你现在应该有这个危机感。"

在史玉柱看来，只有把核心产品搞出来，才能真正地赢得消费者的认可。研究发现，褚橙之所以能够长期热卖，是因为建立在品质这个基础之上。学者郑伦在《褚橙第一，本来第二，谁会成为下一个》一文中总结了褚橙成功的三个因素：一是褚时健认真做事、一心专研的态度；二是果园的流程管理；三是跟果农的共同创富。

　　不管是谁，没有优质的产品，再励志的故事也没多大用处。正是以品质为根本，褚橙的定价相对较高，与进口美国脐橙和进口澳洲脐橙差不多，售价在每斤15至16元。在橙子市场，一般的脐橙售价大都是每斤4至7元。当然，价格较高，其市场相对就会变小，见图12-1。

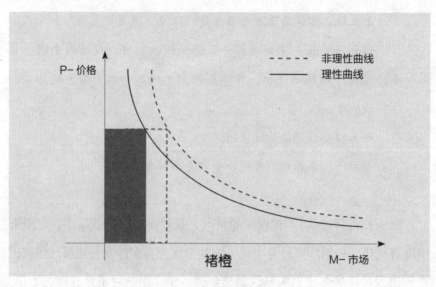

图12-1 褚橙的市场价格曲线[1]

　　学者郑伦撰文指出，褚橙在高价位依然能够取得不错的销售量，则是通过品牌人格化和故事营销，将理性的价格曲线向外平移到一个"非

① 郑伦. 为什么褚橙成功了 柳桃和潘苹果却渐行渐远？ [EB/OL].2015.http://www.investide.cn/news/111677.html.

理性"的价格曲线。[1] 在故事营销中，本来生活网将推广褚橙的宣传语定为"87 年沉浮人生；75 岁再次创业；11 载耕耘，结出 10000 亩累累硕果；耄耋之年，东山再起成为一代橙王；传承'励志'的甜，是中国人的甜"。

在学者郑伦看来，正是褚橙的内功，才奠定了图 12-1 中实框的基础，然后通过品牌的塑造进一步把市场变大。[2]

既然优质的品质如此重要，可能读者会问，什么样的产品才能算是优质的产品、畅销的产品呢？在宗庆后看来，产品整体概念包含核心产品、形式产品、期望产品、附加产品和潜在产品五个层次，见图 12-2。

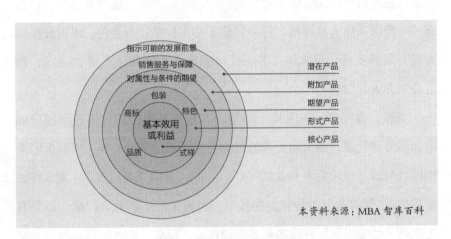

本资料来源：MBA 智库百科

图 12-2　产品的五个层级

---

① 郑伦.为什么褚橙成功了 柳桃和潘苹果却渐行渐远？[EB/OL].2015.http://www.investide.cn/news/111677.html.

② 郑伦.为什么褚橙成功了 柳桃和潘苹果却渐行渐远？[EB/OL].2015.http://www.investide.cn/news/111677.html.

在产品的五个层级中，核心产品才是褚时健重点打造的。所谓核心产品是指消费者购买某种产品所追求的利益，是消费者真正要买的，因而在产品整体概念中也是最基本、最重要的部分。

众所周知，对于任何一款产品来说，其基本的效用往往是通过有形产品来实现，即向市场提供的实体和服务的形象。如果有形产品是实体物品，则它在市场上通常表现为产品质量水平、外观特色、式样、品牌名称和包装等。[①]

作为农产品的褚橙，打造核心产品必须着眼于消费者购买产品时所追求的利益，以求更完美地满足消费者的实际需要。在此基础之上，褚时健打造的褚橙产品，除了背后蕴藏的励志故事外，还与其品质、口感有关。橙园采用有机种植，每一颗橙子都不打蜡、不着色，果肉纤维细而脆，果圆皮薄，橙味浓带芳香，口感清甜，糖酸比达到 24 比 1，最适合东方人的口感。[②]

当然，有些产品的附加产品是顾客购买有形产品时所获得的全部附加服务和利益，因为购买者的目的是为了满足某种需要，因而他们希望得到与满足该项需要有关的一切。为此，美国学者西奥多·莱维特曾经指出："新的竞争不是发生在各个公司的工厂生产什么产品，而是发生在其产品能提供何种附加利益（如包装、服务、广告、顾客咨询、融资、送货、仓储及具有其他价值的形式）。"

在褚时健看来，不管是做红塔香烟、红糖，还是做云冠冰糖橙，提升产品质量是第一要务。即使在最恶劣的条件下，褚时健依然能想尽一

---

① 豆丁网 . 第五章 产品管理和品牌决策 [EB/OL].2015.http://www.docin.com/p-584743309.html.
② 陈玉玲 . 甜中微微泛着酸 褚橙似人生味道 [N]. 海峡都市报：第 A38 版，2014-10-29.

切办法调动工人积极性，把产品质量搞上去。因为褚时健始终相信只有产品质量做好，才能赢得市场。

为此，营销专家刘振山撰文指出，消费者在购买产品时，其需求大致包括功能和非功能两方面的要求。消费者对产品功能的要求是出于实际使用的需要，而对非功能的要求则往往是出于社会心理动机。在体验营销中，这两方面的需要又往往交织在一起，并且非功能需求所占的比重越来越大。而产品整体概念，更是明确地向体验产品的生产经营者指出，要竭尽全力地通过期望产品和延伸产品去满足核心产品所包含的一切功能和非功能的要求，充分满足消费者的需求。可以断言，不懂得产品整体概念的企业不可能真正做好体验营销管理。①

---

① 刘振山 . 体验营销中的产品解析 [J].21 世纪商业评论，2009（10）.

第十三部分

团队的力量绝不能忽视

　　一个团队好不好，首先看作为核心人物的你做得正不正，你做得不正，这个团队肯定会散掉。他们会观察你，第一点，你是不是一个斤斤计较的人，你大不大度，如果你是一个小肚鸡肠的人，一有风吹草动，他们肯定就会离你而去。第二点，你对人真不真诚，你对你的部下真不真诚，如果你对你的部下内心不真诚，你会在你的言行上表现出来。我自我感觉，我的缺点很多，但我对我的部下很真诚，这样彼此容易建立一种信任。

——巨人创始人 史玉柱

忠告47：一旦你有利益了，老板获得利益了，你一定要让他们分享，不能太抠

在团队至上的当下，要想创业成功，构建一个高效率的团队就是必需的。否则，单打独斗的单兵作战往往举步维艰。

关于团队建设，《资治通鉴》中就记载了汉帝国的开创者刘邦构建团队的事迹，书中是这样记载的——

帝置酒洛阳南宫，上曰："彻侯、诸将毋敢隐朕，皆言其情。吾所以有天下者何？项氏之所以失天下者何？"高起、王陵对曰："陛下使人攻城略地，因以与之，与天下同其利；项羽不然，有功者害之，贤者疑之，此其所以失天下也。"上曰："公知其一，未知其二。夫运筹帷幄之中，决胜千里之外，吾不如子房；填国家，抚百姓，给馈饷，不绝粮道，吾不如萧何；连百万之众，战必胜，攻必取，吾不如韩信。三者皆人杰，吾能用之，此吾所以取天下者也。项羽有一范增而不能用，此所以为我禽也。"群臣说服。

历史学家指出，刘邦胜利的原因在于刘邦能识人用人，而项羽则不能识人用人。刘邦的说法传承日久，并经过历史的强化而成为他战胜项羽的最佳解释。

事实证明，刘邦的胜利，是团队的胜利。刘邦建立了一个人才各得其所、才能适得其用的团队；而项羽则仅靠匹夫之勇，没有建立起一个人才得其所用的团队，所以失败也是情理之中的事。

为此，史玉柱告诫创业者："往往水平不高的人自封为战略家。"在中国的创业团队中，史玉柱的巨人创业团队是极具争议的。一些媒体甚至常用"沉浮""动荡"来形容其团队。

当媒体记者问史玉柱："外界评价您在带队伍这方面，做得比较好，不管您是哪一次创业，不管是顶峰还是低谷时期，核心团队一直在。这是什么原因呢？"

史玉柱的回答是：

"我觉得，这取决于两个方面。第一，首先你和团队之间的这种心理距离需要保持，不要太远，这个怎么做的呢？你看地主老财，为什么做不大，他老是把长工当用人，不尊重他，只有你尊重他了，你遇到困难的时候他才会帮助你，所以首先你要尊重他。

"另外，一旦你有利益了，老板获得利益了，你一定要让他们分享，不能太抠，不要做'周扒皮'，否则没人愿意跟你。我觉得这方面，我们算合格，这次一上市，亿万富翁出了一批。

"第二，你平时要敢于放权，不要什么权都要自己抓着，甚至出张支票都要自己签字报销，我们公司只有十几个人的时候，我就有这个习惯，什么事都喜欢放给别人去做，放给别人做以后比自己做得更好，我就研究过刘伟，有很多事，我放权给刘伟做，然后我自己做，我发现她做得比我还好，因为她做，她有压力，一旦做得不好，上面有一个人会说三道四，我自己做就没有这个压力了。"[1]

这或许是史玉柱管理团队的心得体会。众所周知，史玉柱和他的巨人系公司，让人印象深刻的，不仅仅是他们绝地重生的奇迹、对大众市场的敏锐发掘，还有他身后的传奇团队。尽管其创业团队历经沉浮，但是无人能否认巨人创业团队"嫡系"的稳固。

事实上，关于巨人团队的各种版本的传言在中国以不同形式流传，却极少有人能一窥史玉柱和他的巨人系公司这一团队的真实面目。

从 1992 年开始跟随史玉柱的刘伟，曾被媒体描述成史玉柱团队的"四个火枪手"之一，如今已是纽交所上市公司巨人网络的 CEO。

作为史玉柱团队核心成员的刘伟，在接受《经济观察报》采访时描述这一团队的真实面目，以及他们如何在"不散"的同时保持开放性和扩张性。

刘伟坦言，巨人网络的高管团队由三拨人组成，见表 13-1。

---

[1] 段晓燕，周惟菁.史玉柱：说到做到是领导力第一条 [N].21 世纪经济报道，2009-10-24.

表13-1　巨人网络的高管团队的组成

（1）"老巨人"	第一拨人被刘伟称为"老巨人"。所谓"老巨人"，具体是指在1997年以前，也就是在珠海巨人垮下之前进入巨人公司的，比如刘伟。刘伟介绍道："我们的副总裁里也有几个'老巨人'，比如负责人力资源和媒体的汤敏，我是1992年来到公司的，她也是；负责营销的陆永华，他是1993年来公司的；负责行政、政府关系和打击私服事务的贲拥军，他是1994年进入公司的；1993年进入巨人的还有COO张旅。我们都是很久的同事。"
（2）"新巨人"	第二拨人，是在巨人网络创业的时候，也就是在《征途》时期加入的，他们也算是该公司的元老，但被称作"新巨人"。刘伟介绍道："这些人是在2004年年底到2005年年初加入公司的，比如宋仕良，他是在巨人网络创立时就来了，职务是CTO；主管研发的副总裁袁晖，他和仕良之前就是老朋友；加上巨人事业部总经理丁国强，还有《征途》事业部总经理纪学锋，这四个人都是高管团队的成员，是'新巨人'。"
（3）"空降兵"	第三部分被刘伟誉为"空降兵"。刘伟介绍道："最典型的代表是CFO何震宇。他是巨人上市前'空降'过来的一个台湾同胞。另外，如《万王之王》事业部总经理张志宏，是去年'空降'过来的。"

在刘伟看来，史玉柱不仅是巨人团队的队长，还在两个团队中担任重要的角色。刘伟说："史总应该说99%的精力都在巨人网络。脑白金和黄金搭档那边，包括现在的黄金酒，他其实已经不管具体业务，只是一个投资人的角色。那边的团队只是在做最终决策的时候，听听他的意见，然后根据他的商业经验和他的市场感觉来做判断。史总在这方面很自信，做保健品，有时候他就说'这个事情就这么干了，我这么多年的市场经验告诉我'。"

刘伟还强调："在团队凝聚上，史总更多是一个'图腾'一样的角色。他做精神领袖的角色多一些，特别是在保健品那边。团队上肯定会有一些矛盾，也包括融合难度，但他尽可能不管。"

忠告48：真正的赌徒不会有永远的追随者

东山再起的史玉柱，不像当年那样意气风发，而是低调地总结自己能够东山再起的原因，他坦言，其原因主要有两个：一个原因是他这些年经受的挫折和教训；另外就是他的核心团队，能和他一样去拼杀的团队。

史玉柱说道："我身边的几个骨干，在最困难的日子里，好几年没有工资，他们一直跟着我，我永远感谢他们。脑白金问世之前，我吃不准，问他们：'行吗？你们觉得有戏吗？'他们总给我非常肯定的回答'行，没问题，肯定行'。身边的几个骨干，在最困难的日子里，像上海健特总经理陈国、副总费拥军，好几年没有工资，他们一直跟着我。那时候，也是他们陪伴我爬完了珠峰。我永远感谢他们。"

在史玉柱看来，任何一支团队长期跟随某一领导人，尤其是在其最艰难时，这个团队如果能够依然坚如磐石，渡过难关就容易得多。在巨人的团队中，史玉柱的幸运之处，也是他能够再次站起来的重要原因，就是他拥有一支不离不弃的团队。

想当年，惨痛的经历和教训让史玉柱感悟，如果没有团队，他也就没有从头再来的动力。在他的团队中，这些人不缺经验和能力，更重要的，是他们和史玉柱休戚与共的成就欲望。

众所周知，在巨人创业团队中，陈国、费拥军、刘伟和程晨被称为史玉柱巨人创业团队的"四个火枪手"。

史玉柱在二次创业的初期阶段，陈国、费拥军、刘伟和程晨很长一段时间里都没有领到一分钱的工资，但是陈国、费拥军、刘伟和程晨这四人始终都不离不弃，一直追随史玉柱左右。

据巨人网络 CEO 刘伟介绍，巨人公司虽然经历了数年的停业，但是脑白金分公司的经理有一半都是最初跟随史玉柱起家的人马，这些人在脑白金已工作六七年，而脑白金和《征途》的多数副总更是早在 1992 至 1994 年期间便是巨人公司的员工。

在人们的意识中，"树倒猢狲散"往往对任何团队都适用。然而，史玉柱却打破这个桎梏。可能一些创业者会问，史玉柱，这个技术出身的创业者，而又几乎是偏执的巨人独裁者，为何在巨人倒下之后，欠债上亿元却还有如此大的影响力，整个团队二十多人几乎都没有离开他，追随他蛰伏了数年而后东山再起？从最早的计算机产品到保健品，再到现在的网游，几乎是同一帮人马在策划运作。究竟是什么原因，使这批人才聚集在史玉柱身边呢？

即使遭受很大挫折，史玉柱为何能让巨人团队一直不散？刘伟分析认为，主要有三个方面，见表 13-2。

表 13-2　巨人团队不散的三个因素

（1）包容性	史玉柱本人的包容性。比如巨人东山再起时，史玉柱叫回来了很多人，包括很多"老巨人"。这些人之前的表现并不是都那么好。也有人甚至在走的时候都没有打招呼。各种情况都有。但是史玉柱看的还是大方向：第一，人品有没有问题；第二，他是不是可用之才。如果这两方面都符合，即使有些小毛病、小问题，史玉柱也会不计前嫌，毕竟人无完人。史玉柱经常说，只要这个人能用，品质还可以，就大胆用。这是他用人的原则
（2）个人能力	史玉柱个人能力很强。他基本上能让大家觉得，跟着他能够有发展。哪怕是在公司不行的时候，他也有很强的势能，让人觉得，跟着他做，比自己单独做要好。如果大家都认为，跟你还不如我自己搞几条枪，自己做，那这个团队就不行了
（3）诚信	史玉柱对自己的团队，说到做到。他答应给员工的股份和期权，不管后来发生了什么变故，只要有承诺，一定做到

在陈国、费拥军、刘伟和程晨等追随者看来，尽管一部分人认为史玉柱带着"邪气"，但是却能"当你绝望的时候能让你看到希望，能跟着走"，更是个重情重义的人。刘伟较高地评价史玉柱。

费拥军曾经与史玉柱一起爬过珠峰，说起追随多年的理由，往往用"亲情"一词来评价自己与史玉柱的关系。

当巨人集团公司陷入财务困境时，程晨甚至从家里借钱来救史玉柱于危难之中。

在史玉柱"新嫡系"团队成员中，纪学锋就是其中的代表，纪学锋是《征途》项目负责人。对此，纪学锋的评价是："公司各方面都很开明公平，只要有实力，就会有机会。在管理上不会拘泥于太多的规则，大家做事的时候拼命做，小事则不拘泥于细节，整个过程能够让人实现个人价值。很多企业包括外企，有规则管理，但把人管得太死。"

忠告49："才"的标准很简单——办事成功率高的 人就是人才

在巨人团队中，其稳定性超出很多研究者的意料。史玉柱说道："我的骨干一个都没有走。底层我也管不着，骨干没管好，下面的人有可能会走。"

在史玉柱看来，团队建设，主要抓好骨干就行。在团队管理中，他只关注骨干层，很少关注一线员工的管理。如今，在巨人公司，骨干成员有二三十人。在这一点上，他认为一直做得不错，特别是二次创业以来。

对马云来说，他喜欢的是唐僧的团队组合，而不是刘备团队的完美。在《赢在中国》中，他说："今天的阿里巴巴，我们不希望用精英团队。如果只是精英们在一起，肯定做不好事情。我们都是平凡的人，平凡的人在一起做一些不平凡的事，这就是团队精神。"

的确，在企业经营正常的情况下，团队的激励相对容易一些。然而，对于史玉柱来说，团队激励却是有点难度的。因为在修建巨人大厦失败之后，摆在他面前的首要任务是如何维系团队的奋斗向上、保证企业的向前发展。

而史玉柱的做法是：不定目标，缜密论证，步步推进，一咬到底。这一习惯，贯穿着《征途》两年多的发展轨迹。

在一些创业企业中，创业者会提出人们普遍认同的愿景，并使用有效的手段加以激励，这正是领导力的核心特征所在。

事实证明，愿景是激励团队的一个重要因素。1998年，在脑白金项目启动之前，史玉柱在团队成员从珠海去无锡的路途中，依然重视对团队的激励，对那些坐在面包车里20个月没有领到工资的追随者承诺，一旦脑白金项目赢利，一定会重金补偿。

史玉柱在研发《征途》这个项目时，他就坦然告诉所在团队的成员一个信息——巨人网络将来会上市。在研发《征途》时，几乎没有成员会相信这个事实。

当然，作为创始人的史玉柱，不仅擅长实操，而且擅长处理与追随的部将们的关系。他也充分放权，无论是人权还是财权，但也会在每次商业的成败关键环节亲力而为。

史玉柱在做脑白金时，亲自调研了 300 名顾客，巨人公司向外发布的软文，他与团队成员一起，按十大标准篇篇审核。

处理与追随者而非伙伴的关系，史玉柱坦言，这与他自身的经历有关。在 1989 年第一次创业时，他就因为在处理员工的问题上困惑过。

当时，两名员工与史玉柱在利润分配和股份多寡上发生争执。由于协商无果，史玉柱一怒之下摔了 2 台电脑。

从那以后，史玉柱就决定，但凡今后身边的人将只是追随者而非合作者。他从来也只考虑子公司与人共股，母公司一定自己控制。在提拔员工时，他更喜欢提拔战术人才，而非战略人才。

在关键岗位上，史玉柱往往启用跟他打拼过来，经历过生死的人。在他看来，内部的员工就像是地底长出的树根。他感激困难时期几年没拿工资的陈国与费拥军。巨人集团时期，他也曾为强化内部管理，空降了当时方正的一位高管，结果出了乱子。经历了二次艰难创业，那些内部人，史玉柱最看重的还是德，他自信 5 年时间能看出一个人的德性，当然也包括已经熟悉多年的人。征途的一名副董事长，是史玉柱 18 年前，赊账买电脑的那家小公司当时的副总经理。"四个火枪手"中的刘伟与程晨两位女性位居高位，在史玉柱看来，"女性从忠心角度来说可能会好点"。当年身为文秘的刘伟如今位居副总裁级别。[①]

巨人网络上市后，史玉柱对团队的建设同样重视。他认为人才是否

[①] 谢扬林. 马云的 18 罗汉与史玉柱的 4 个火枪手 [N]. 中国经营报，2007–11–11.

会流失，关键在于两点：一是待遇；二是员工的自我价值实现。

在对员工的考查中，史玉柱给员工的往往是 5 年期权。他在接受媒体采访时谈到，给一个员工 5 年时间，足以看出一个员工的德行。史玉柱说："我需要充分信任的人不用多，四五个就够了。"

史玉柱只用部下，不找外面的人。他坦言，不用"空降部队"，并说：

"外面哪个人是个 MBA 毕业的，是个海归，这个人有多大本事，然后聘来做总经理，这种事我们不做。不是说他没有本事，而是中国很多企业的特点造成的。

"现在回过头来看，过去十年之内，至少五年前吧，凡是用这种方式引入的，中国的企业成功概率非常小。

"为什么会失败呢？固然他有可能很有本事，但是有没有本事是相对的。比如一个外科医生，在他的手术室里面，他是个人才，他跑到商店里面，要当促销人员，他可能还不如一个小学毕业的，他就不是一个人才了。他这个人才是相对的。

"每个企业都有自己的特点，每个企业都有自己独特的文化。在其他的企业里面，是个人才，那只能说在那个特定环境下，是个人才。换了个环境，他就不一定是人才。

"再一个，在企业发展的过程中，你已经积聚一个队伍了，这个人即使是个人才，但是由于中国的传统文化，原来的队伍是不会接纳他的。老总、董事长再怎么扶他，只要中层干部抵制他，只要每个人内心里稍微抵制点，他的工作都展开不了。他再有本事，只要大家抵制他，他也没办法。但是你也不可能引进一个大海归，就把所有过去的人通通都换掉，也不可能。

　　"另外还有一个原因呢，现在外面知名度高的说是人才的，实际上有很多也不一定是真人才。因为真人才啊，往往是不爱说话。实际上，真正的人才很少说这句话'我很能干'。

　　"我看我过去用过的人里面，真正能干的人很少说'我的水平高''我怎么样'，凡是直接就说'我的水平很高'的人，最后来看，没有一个是人才，因为他都满足了嘛。"①

　　在"德"和"才"只能选其一的时候，史玉柱肯定选择"德"。他确信"才"的标准很简单——办事成功率高的人就是人才。

　　对此，史玉柱说："我只看他的成功率高，不听他说的。"这就是他为什么更喜欢战术人才，而非战略人才的一个重要原因。

忠告50：苦劳对一个企业是没有任何贡献的，它不会带来任何利润

　　在史玉柱看来，团队才是他东山再起的重要力量。因此，企业管理

---

① 史玉柱.史玉柱自述：我是怎么带队伍的 [N]. 电商报，2013-06-17.

者就必须把团队建设做好。如何激励团队成员，我们拿一个怎么让猫吃辣椒做比喻。

在建设团队过程中，史玉柱采用的方法是，"将辣椒抹在猫屁股上，不过，也绝不吝啬拿鱼去奖励"。他强调，要想使企业成为百年老店，及如何最大限度地发挥团队成员的主观能动性，就必须拿出高薪来激励。对此，史玉柱甚至为招聘研发策划总监一职开出了 1000 万元年薪的高价。

做脑白金项目时，为了构建高绩效团队，史玉柱只给派出去的省级办事处管理者发工资，而区域营销队伍中其他人的工资和奖金，则是从每箱脑白金产品中，拿出 4%，区域管理者的营销费用也必须从脑白金的销售额中提成。

在团队管理中，史玉柱坚持民主决策后要坚定地执行。在团队建设中，他毫不避讳地说："我是怎么带队伍的：一是在创业初期，股权一定不能分散，否则一赚钱，团队就分裂；二是不要用'空降部队'，不管他是 MBA 还是海归；三是对干部充分授权；四是只认功劳不认苦劳，因为苦劳对企业无任何贡献；五是多引进战术人才，少引进战略人才，否则一群人整天在一起夸夸其谈。"

在当今社会，对于任何一个创业者而言，个人英雄主义都是难以取得成功的，只有发挥团队的力量，才能在激烈的竞争中占得先机。

这个道理同样适用于史玉柱。东山再起的史玉柱就坦承团队的重要性，在总结自己能够东山再起的原因时，他列举了两个原因，其中之一就是和他一起拼杀的团队。

尽管史玉柱历经惨痛的创业失败和沉痛的教训，然而，没有打垮史玉柱这个团队的锐气，甚至还激发了他们从头再来的动力。

客观地讲，史玉柱的团队不缺经验和能力，史玉柱失败后激发了他们和史玉柱休戚与共的成就欲望。曾经作为史玉柱的一名手下，蒋涛却一直不明白，史玉柱在用人时，总是选用忠心的员工，而不用所谓的人才。

时任 DONEWS（一家门户网站）网站的总裁刘韧分析史玉柱时，也很羡慕史玉柱的团队建设，特别是当史玉柱失败时，跟着史玉柱的都是忠心的人，没有所谓的人才。

当然，在史玉柱的团队中，最为著名的忠臣良将就是被史玉柱称为"四个火枪手"的创业伙伴。

比如，大学同学陈国，被史玉柱喻为"睡在下铺的兄弟"。陈国为巨人做出过巨大的贡献。巨人最困难时，陈国不得不面对众多上门讨债的合作者。

在那段最艰难的日子里，陈国不仅要应对讨债的人，还全面统计了巨人大厦销售出去的楼花，并存档。正是陈国的坚守，为史玉柱后来还钱提供了直接的依据。

时任黄金搭档公司的副总经理费拥军，在史玉柱这个团队中，他也为巨人做了不少贡献，一直追随史玉柱。

在"四个火枪手"中，其中两位是女性队员——刘伟和程晨，业内公认，刘伟和程晨为史玉柱重新创业立下了汗马功劳。

媒体记者这样评价史玉柱："怪不得外界评价您，说您很会用人。"

史玉柱是这样回应的：

> "我以前用的人，离开巨人的累计也有上万人，骨干这些
> 人中，我看基本上还没有骂巨人的。企业文化是我在最困难的

时候反思比较多的地方，为此我找老柳（联想创始人柳传志先生）聊了好几次。我的企业文化要扮演什么角色呢？企业文化实际上是大家的一种习惯。

"因为什么企业文化很重要呢？因为管理一个公司，毕竟是不能面面俱到，另外，不管怎么制度化，管理必然是会有漏洞的，别人如果想钻漏洞，总是能钻到的。

"所以，一个企业，全靠管理是不行的，必须要有企业文化这种无形的约束。管理加上文化，这个企业才能健康。企业文化起什么作用呢？就是要制约在企业发展中大家的一些习惯和错误的认识，要把这个问题给解决掉。

"像我过去在珠海巨人的时候，存在几个问题：第一，下级对上级经常拍胸脯保证完成这个任务，如果下任务指标的时候，'没问题我保证完成'，到时候完成不了也没事，下次又这样吹牛，下级的随意性，导致上级对下级失去信任；第二，上级也经常说，'你这个任务完成了，我发一千块钱奖金给你'，最后突然间发现，这个任务其实很简单，2分钟就完成了，这么容易完成了，就不发了，或者改别的了，所以下级对上级又不信任。我知道珠海巨人'休克'的时候，这个情况一直存在。所以后来，我们的企业文化里面，第一条总结就是说到做到，做不到你不要说。"①

---

① 段晓燕，周惟菁. 史玉柱：说到做到是领导力第一条 [N].21 世纪经济报道，2009–10–24.

　　不可否认的是，史玉柱具有如此强大的凝聚力和人格魅力，是因为他懂得团队管理和建设。研究发现，史玉柱的核心团队里都是一些有成就欲望的人，都是有强烈事业心的人，这就组成了他的核心团队。

　　在史玉柱的团队管理中，明确倡导只认功劳，不认苦劳。史玉柱说："苦劳对一个企业是没有任何贡献的，它不会带来任何利润。但是中国的文化里面呢，这个传统就经常说，'我没有功劳还有苦劳呢'。所以你要把这句话明确地提出来，我们企业只认功劳不认苦劳，把它灌输下去，大家一旦认可之后，这样企业的效率自然就会高。"

参考文献

[1] 北京青年报.财富新发现：中国市场之诚信回归篇 [N].北京青年报，2002-01-14.

[2] 班丽婵.史玉柱三大"杀手锏" [J].广告主，2007（11）.

[3] 百度百科.吴炳新 [EB/OL].2016.http://baike.baidu.com/view/1840585.html.

[4] 百度百科.史玉柱 [EB/OL].2017.http://baike.baidu.com/view/16308.html.

[5] 百度百科.怀汉新 [EB/OL].2017.http://baike.baidu.com/view/1262086.html.

[6] 百度百科.农村包围城市 [EB/OL].2016.http://baike.baidu.com/view/139489.html.

[7] 百度文库.湖北幸福集团 幸福终结 [EB/OL].2017. http://wenku.baidu.com/view/f8f7ade80975f46527d3e162.html.

[8] 陈玉玲.甜中微微泛着酸 褚橙似人生味道 [N].海峡都市报：第 A38 版，2014-10-29.

[9] 曹亚克.日本企业的营销理念及启示 [EB/OL].企业研究，2001(8).

[10] 创业邦.创业型企业应该"先小人，后君子" [EB/OL].2017.http://www.cyzone.cn/a/20080928/48691.html.

[11] 段晓燕，周惟菁.史玉柱：说到做到是领导力第一条 [N]. 21 世纪经济报道，2009-10-24.

[12] 都梁，江奇涛.电视剧《亮剑》，2005-09.

[13] 大河网.史玉柱，胡润财富榜上最富有 IT 商人的近视手术故事 [EB/OL].2016.http://www.dahe.cn/ggzx/zhuanti/purui/ssgs/t20071225_1230994.html.

[14] 东方财富网.雷士照明股权连环局 [EB/OL]. 2017. http://hk.eastmoney.com/news/1535,20120713221817086_2.html.

[15] 黄远.巨人史玉柱"遗产"：告诫青年创业者脚踏实地 [N].第一财经日报，2013-04-12.

[16] 解放军日报.听史玉柱说创业戒律 [N].解放军日报，2009-02-07.

[17] 刘振山.体验营销中的产品解析 [J].21 世纪商业评论，2009（10）.

[18] 孟宪辉.民营企业招聘人才模式研究 [D].中国海洋大学，2009.

[19] 马云.马云：不要迷信 MBA[N].中国食品报·冷冻产业周刊，2010-04-05.

[20] 马文凤.呼唤诚信：全社会的心声 [N].河北经济日报，2009-06-13.

[21] MBA 智库文档.论企业多元化战略 [EB/OL].2017.http://doc.mbalib.com/view/3072d536f238a2a261528a87d12255ca.html.

[22] MBA 智库百科.财务控制能力 [EB/OL]. 2016.http://wiki.mbalib.com/wiki/ 财务控制能力.

[23] 屈腾龙.史玉柱：最成功的失败者 [J].商界，2007（10）.

[24] 史玉柱.史玉柱和他过去的十年 [J].互联网周刊，2006（12）.

[25] 史玉柱.史玉柱：现在的关键是抵制诱惑 [J].创业家，2009（6）.

[26] 史玉柱.史玉柱自述创业历程 [J].中国企业家，2013（5）.

[27] 史玉柱.史玉柱：决不犯一个错误 [N].北京晚报，2013-07-17.

[28] 史玉柱.巨人的四大失误 [J].三联财经，2010（6）.

[29] 史玉柱.史玉柱自述：我是怎么带队伍的 [N].电商报，2013-06-17.

[30] 史玉柱.史玉柱谈创业：王石在深圳靠倒卖录像机起家 不规范 [EB/OL].2017.http://finance.ifeng.com/business/renwu/20130525/8075155.shtml.

[31] 史玉柱.巨人网络美国上市 CEO 史玉柱答记者问实录 [EB/OL].2016.http://tech.sina.com.cn/i/2007-11-02/09541829195.shtml.

[32] 史玉柱.史玉柱：做企业不能只靠营销成功 [EB/OL].2017.http://tech.163.com/08/0310/00/46KOP5K5000915BF.html.

[33] 史玉柱.史玉柱和他的"脑白金""黄金搭档" [EB/OL].2016.http://finance.qq.com/a/20081212/002864.html.

[34] 史玉柱.史玉柱心得：一把手要抓细节 [EB/OL].2016.http://finance.sina.com.cn/zl/lifestyle/20130701/105515973145.shtml.

[35] 苏龙飞.雷士照明：资本猎手之间的博弈 [J].经理人，2010（12）.

[36] 童辰，许小飞，何江涛.史玉柱自述：巨人是怎样站起来的 [N].中国经济时报，2001-02-17.

[37] 王志文.好一个"老干妈" [N].中国国门时报，2012-11-05.

[38] 徐宪江.富人不说，穷人不懂：50 位亿万富豪白手起家的赚钱哲学 [M].天津：天津人民出版社，2013.

[39] 谢扬林.马云的 18 罗汉与史玉柱的 4 个火枪手 [N].中国经营报，2007-11-11.

[40] 新浪网.史玉柱：企业不盈利不道德 [EB/OL].2016.http://finance.sina.com.cn/leadership/mroll/20110818/153910339475.shtml.

[41] 新浪博客.分清是诱惑还是机遇的鉴证例证 [EB/OL].2017.http://blog.sina.com.cn/s/blog_5de088850100dn86.html.

[42]《赢在中国》第三赛季晋级篇第一场.中央电视台财经频道.

[43]《赢在中国》第二赛季晋级篇第五场.中央电视台财经频道.

[44]《赢在中国》第二赛季晋级篇第六场.中央电视台财经频道.

[45]《赢在中国》第三赛季晋级篇第二场.中央电视台财经频道.

[46] 杨连柱.史玉柱如是说 [M].北京：中国经济出版社，2008.

[47] 赵越.史玉柱商道真经 [M].北京：新世界出版社，2009.

[48] 郑伦.为什么褚橙成功了 柳桃和潘苹果却渐行渐远? [EB/OL].2015.http://www.investide.cn/news/111677.html.

[49] 张映红.史玉柱：创业精神缔造财富神话 [N].证券日报－创业周刊，2007-10-26.

[50] 中国经营报.史玉柱：失败是金 [N].中国经营报，2002-01-14.

[51] 周锡冰.史玉柱教你创业 [M].北京：中国经济出版社，2009.

后记

在史玉柱的创业历程中，从创业到成功，经历巨大失败，后东山再起，其间就像一个谜团，诡异得让人疑窦顿生。

史玉柱与脑白金、黄金搭档这些当红保健品的关系始终若明若暗。而今的史玉柱尽管功成身退，但在一串错综复杂而又布局缜密的公司链条背后，却始终闪动着史玉柱的身影。

时间再次回到 1998 年，史玉柱在经历过重大失败之后，开始重新创业。他带领一批巨人旧部开始做脑白金，在短短的两年时间内，就把脑白金打造成全国保健品单品销售冠军，创造了年销售 10 亿元的奇迹。

2001 年，史玉柱还清了巨人集团曾经欠下的 2.5 亿元债务，并将"敢于承担个人责任"写进新巨人集团的经营理念，用行为宣示了"追求诚信才能东山再起"的游戏规则。

史玉柱的东山再起，也在书写民营企业家命运沉浮变幻的序列再次崛起的故事。2001 年，史玉柱获选"CCTV 中国经济年度人物"。

尔后的几年，史玉柱带领巨人开始了一段新的征程。2007 年 11 月 1 日，巨人网络集团有限公司成功登陆美国纽约证券交易所，总市值达到 50 多亿美元，融资 8.87 亿美元，成为在美国发行规模最大的中国民营企业，史玉柱的身价突破 410 亿元。

2009 年 3 月 12 日，福布斯全球富豪排行榜，史玉柱以 15 亿美元居第 468 位，在内地位居第 14 位。

2012 年，《财富》中国最具影响力的 50 位商界领袖排行榜，史玉柱榜上有名，排名第 22 位。

2013 年 4 月 9 日，巨人网络宣布史玉柱因个人原因辞去 CEO 一职，该项决议将于 2013 年 4 月 19 日生效。史玉柱将继续保留其巨人网络公司董事会主席的职务。

如今，功成身退的史玉柱，不仅拥有数百亿优质资产，同时还赢得了"营销大师""商业奇才"等赞誉。

曾经，"CCTV 中国经济年度人物"的颁奖词是这样描述史玉柱的："中国首部完整记录史玉柱创业人生的倾力之作。从一无所有到亿万富翁，他是一个著名的成功者；从亿万富翁到一无所有，他是一个著名的失败者；再从一无所有到亿万富翁，他是一个著名的东山再起者；他创造了一个中国乃至全球经济史上绝无仅有的传奇故事。第一次，他上演了一个成功的版本；第二次，他演绎了一个失败的案例；这一次，他从哪里跌倒就从哪里爬起，并完成了对企业家精神的定义：执着、诚信、勇于承担责任。"

《京华时报》是这样评价史玉柱的："从一穷二白的创业青年，到全国排名第八的亿万富豪，再到负债两个多亿的'全国最穷的人'，再到身家数十亿的资本家，史玉柱演绎的真实故事，情节之丰富，命运之跌宕，超乎财经小说的想象发挥。"

美国《福布斯》网站同样对史玉柱评价很高："史玉柱 2004 年重

返 IT 行业，并凭借自己创建的网络游戏服务提供商征途网络大获成功。因此，他也成了中国最具传奇色彩，同时也是最难以预测的企业家之一。"

从媒体高度评价史玉柱来看，史玉柱是个具有传奇色彩且创造丰功伟绩的创业者。

这里，笔者感谢《财富商学院书系》《火凤凰财经书系》的优秀人员，他们也参与了本书的前期策划、市场论证、资料收集、书稿校对、文字修改、图表制作。

以下人员对本书的完成亦有贡献，在此一并感谢：简再飞、吴旭芳、周芝琴、周梅梅、吴江龙 、吴抄男、赵丽蓉、周斌、周凤琴、周玲玲、金易、汪洋、霍红建、赵立军、王彦、兰世辉、徐世明、周云成、叶建国、欧阳春梅，等等。

任何一本书的写作，都是建立在许许多多人的研究成果基础之上的。在写作过程中，笔者参阅了相关资料，包括电视、图书、网络、视频、报纸、杂志等资料，所参考的文献，凡属专门引述的，笔者尽可能地注明了出处，其他情况则在书后附注的参考文献中列出，并在此向有关文献的作者表示衷心的谢意！如有疏漏之处还望原谅。

本书在出版过程中得到了许多教授、研究史玉柱创业经验的专家、业内人士以及出版社的编辑等人的大力支持和热心帮助，笔者在此表示衷心的谢意。由于时间仓促，书中纰漏难免，欢迎读者批评指正。
（E-mail: zhouyusi@sina.com）

周锡冰

2017 年 2 月 28 日于北京